漫畫經濟學一看就懂

從亞當斯密到葛林斯潘

麥可·古德溫 Michael Goodwin　著

丹·波爾 Dan E. Burr　繪

李建興　譯

目錄

前言

當我坐在紐約市 NBC 電視台的〈今日秀〉綠幕房間裡，準備錄一段節目宣傳我的新書《甩債：財務自由的終極計畫》，遇到了 Abrams 漫畫出版公司的編輯主管查理·科屈曼。查理問我要不要考慮評論他們即將推出、麥可·古德溫寫的一本叫做漫畫經濟學的新書。我第一個想法是，經濟學的圖畫書──聽起來很酷。但是說真的嗎？怎麼可能把經濟史這麼複雜的主題用圖像來解說？「圖像化」其實只是「成人漫畫書」的美稱，對吧？以此來說，你真的能讓經濟學變容易，又有足夠娛樂性讓人想看嗎？

我在考慮的時候，認識了另一位今日秀來賓，也是 Abrams 公司出版的《遜咖日記》系列作者傑夫·金尼。金尼的書輕而易舉地讓我的七歲兒子傑克愛上閱讀。我跟傑夫合照，替兒子索取他的簽名，忽然想到：漫畫經濟學可以完全改變遊戲規則。如果你能寫本解釋經濟學的書讓內容平易近人，千百萬人可以受惠！我越想，越確信漫畫經濟學可以幫助千萬人──如果做得好的話。我下節目時仍有疑

慮，但對這類書造福眾人的潛力也有興趣與興奮感。

兩週後，Abrams 寄了《漫畫經濟學一看就懂：從亞當斯密到葛林斯潘》到我辦公室供參閱。我原本打算略翻一下，晚點再來看。三小時後我把書從頭到尾讀完了。我只能說要是二十五年前我大學畢業時有這本書就好了。真是太棒了！

漫畫經濟學做到了我前所未見之事：在一本簡要、輕鬆與娛樂性讀物中說明了全球經濟學。老實說吧：即使你像我一樣喜歡經濟學，念的是這科系，它還是可能困難又無聊。

漫畫經濟學不無聊；正好相反。本書拓展眼界、刺激又極具教育性──而且最重要的，讀起來有益、迅速又有趣。

漫畫經濟學也能節省時間：你可能讀了十本相關書籍還得不到這麼多資訊。麥可·古德溫鑽研經濟史然後高明地簡化解釋。加上丹·波爾完美無比的繪圖說明這些文字，就產生了最終極的有趣經濟學教材。當我想起現在年輕人有這本書可看多麼幸運，總

覺得不太公平。

你不用經歷我們大多數人學習這玩意的痛苦折磨就能受益。我好嫉妒。但我也真心高興又與有榮焉地分享這本書並撰寫前言。

我向各位保證此書會列入兩個小犬傑克與詹姆斯的必讀書單。我在大學修過很多經濟課也研究個人理財二十多年，從來沒看過解釋得這麼妥善的經濟史。只要閱讀並理解經濟議題如何影響他們、經濟力如何塑造歷史又衝擊未來，小犬們將會領先同儕。

從最近的衰退，我們學到了經濟會影響所有人。2012 年希臘發生的事影響了美國的民眾和華爾街——但是為什麼？聯邦準備理事會說低利率會維持到 2014 年，但是這樣對我們的赤字、就業成長、住屋等等有什麼影響？次貸危機到底怎麼回事？雷曼兄弟為何破產？每年、每月、每天，經濟總會發生一些衝擊我們的事。讓更多人了解經濟運作的基礎，更多人能夠提供智慧的意見與行動非常重要。現代有太多政治偏見與媒體操弄的經濟修辭。我們需要的是對過去什麼可行、什麼不可行作出深思熟慮的討論。更多人需要這種資訊——現在更多人可以得到了。

經濟很重要。這個觀念不是政治口號，而是財務福祉的生命線。我一向說每個人最該擔心與專注的經濟事務就是自己的經濟。但現實情況是你必須了解過去的經濟如何運作，現在又如何運作。你越懂經濟，越能管理好自己的經濟——而我相信《漫畫經濟學一看就懂》可以幫你們做到。

我真心喜愛這本書，也打算推薦給每個願意聽的人。本書應該列入高中與大學的必讀書單——但是教育年輕人的最佳起點是在家裡。所以請買下這本書，看完，並且跟家人分享。讓你自己的經濟光明茁壯——因為你做得到，歷史證明了這一點。

祝您一生富足

大衛 · 巴赫 David Bach

巴赫是 FinishRich.Com 網站創辦人與九本紐約時報暢銷書作者，包括《甩債》、《自動千萬富翁》與《起步晚，照樣致富》。

導論

「我們是民主國家的公民，」麥可·古德溫的漫畫化身在《漫畫經濟學一看就懂》開頭頁面上說，「我們投票決定的大多數議題都跟經濟有關。了解自己在投什麼票是我們的責任。」漫畫經濟學會幫助你了解，讓你能掌握經濟學與各經濟體的大局與小細節。

它也會逗你笑。畢竟，這是一本漫畫書，大部分妙處在於它透過聰明、幽默與深入的插畫，表達一連串複雜又艱深的概念與論點的方式。藉著本書，古德溫做到了看似不可能之事——他讓經濟學易懂又有趣。

但是《漫畫經濟學一看就懂》不只是娛樂性的解說，也是事實的陳述。

古德溫主張，至少從十九世紀經濟學家大衛·李嘉圖（「可以說是不為人知的最重要人物」）的著作之後，主流經濟學以自由市場為核心信仰，反映也服務了有錢有勢者的部分利益，同時被包裝成大眾心目中普世的真理。

這個訊息對今日的我們很重要。到了 1970 年代末期，多數經濟學家和政策制定者都相信自由市場與小政府的觀點。柴契爾和雷根踩著這塊跳板掌權，兩人都惡名昭彰地大幅縮減法規，裁減公營事業或民營化，企業稅負極小化，以「自由貿易」之名犧牲了經濟主導權。

他們告訴民眾，這類措施是必要

的，因為根據盛行的經濟智慧，自由市場是通往繁榮的最確定道路。這個論點認為（至今仍是），少了法規、賦稅與支出等形式的政府干預，市場會以最有效率與符合公益的方式調整其價格、工資、就業與生產，改善每個人的生活。

但是，如同古德溫指出，經濟學家的承諾自古至今都與事實大相逕庭。過去三十年來，許多人變窮了；中產階級崩潰；主權債，包括美債，大爆炸；勞工失去福利與議價權，更別提就業機會（現在美國最主要的出口品）；全球暖化和環境惡化到危機的程度；企業日漸腐敗、犯罪又失能（還記得恩隆案與 2008 年華爾街崩盤嗎？）；公立機構與基礎建設——甚至民主制度本身——崩壞；社區的無形價值屈服於超級消費主義。

簡單說，現在我們再次遭受了經濟脫軌的苦果。所以《漫畫經濟學一看就懂》，脫軌的強力解藥，正是及時與重要的一本書。請閱讀本書。從中學習。樂在其中。也請別人來讀。如果這成為第一本讓作者贏得諾貝爾經濟獎的漫畫書，也不用驚訝。

喬爾・巴坎
Joel Bakan

喬爾・巴坎是英屬哥倫比亞大學的法學教授與《企業的性格與命運》作者，該書也拍成了得獎紀錄片。

7

緣起

人人都有關於經濟的疑問。

為什麼我的生活品質不如父母？

明年我還有工作嗎？

我的小孩會怎樣？

我們的世界呢？

作者

如果專家都搞不懂，我們普通人怎麼理解發生了什麼事？

我開始在**經濟學教科書**裡尋找答案。發現足夠的洞見引起我的興趣……

經濟學入門

但我似乎無法將所有見解融會貫通。

我回到**原始來源**，偉大的經濟學家們，

亞當·斯密
湯瑪斯·馬爾薩斯
大衛·李嘉圖
腓特烈·恩格斯
艾佛烈·馬歇爾
約翰·梅納·凱恩斯
卡爾·馬克思

逐漸看到了**大局**。

雖然大局很複雜，其實各部分都不難理解。

人們應該
要懂！

我看得出這些資訊可以構成一個故事。但我找不到用簡易方式講這個故事的書。所以我決定自己寫一本，用我所知最簡單易懂的形式：漫畫。

我相信我們**都**可以理解經濟的故事，而這對我們而言至關重要。我們試過把經濟交給別人去處理；所以現在才陷入這個爛攤子。

我們是民主國家的公民，我們投票的大多數議題跟經濟有關。搞懂自己在投什麼票是我們的**責任**。

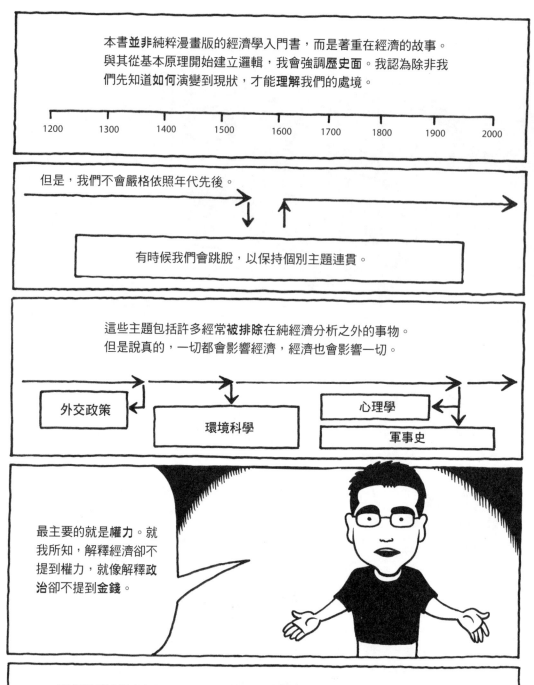

重點是，其實只有少數人認為，經濟是只有數學天才能懂的一套固定法則。而且他們錯了。

畢竟，經濟學不是化學，它處理的是**人類行為**的無窮複雜性，而非僵硬的定律。

所以我決定**自己**擔任旁白。無論如何，本書是我對經濟事務的觀點。例如，雖然我**想要**涵蓋全世界，但仍專注在美國經濟，因為我是美國人，這是我生活的經濟體。

因此，**每一本**經濟書籍都是某人對事物的個人觀點。別把這本書——或任何其他書——當作聖經。如果有哪裡似乎不對，現在查核事實很容易，尋求別的意見，自己想清楚。

畢竟，有的人很懂經濟，有的人只懂一點，但是沒人了解所有事，任何人都有進步的空間。

所以我才寫了這本書！

從何開始呢？呃，大家都說我們活在一個**資本主義**經濟體，那就倒轉幾個世紀去回顧**資本主義**吧。

每個人不斷地努力找出他手中資本最有利的運用方式。這符合他自己的利益，沒錯，但不是他所知的社會的利益。不過，研究他自身的利益，自然而然，甚至必然地，導致他偏好對社會最有利的用法。

——亞當·斯密，《國富論》（1776）

第一章

看不見的手

（遠古到 1820 年）

資本、資本家與資本主義

資本就是生產的手段。這個字通常指的是資本財，就是我們製造的東西，不是因為我們自己想要，而是因為它能幫我們做出我們想要的東西。

工廠
商船
工具
種子
陶製轆轤
農具
其他

資本也指我們用來購買或租用土地、勞力與資本財以便開始生產東西的錢。把錢花在資本上叫做**投資**。

勞工薪資

工廠租金

買設備

投資的重點就是把你的產品賣到**超過投資額**，賺取利潤。

必須先花錢才能賺到錢！

靠投資賺錢維生的人叫做**資本家**。

資本家不需要投資自己的錢——他們可以向別人借錢⋯⋯

借貸

但要付利息。

償還

14

所以嚴格來說，資本家不需要資本。
他們需要的是進行新計畫的膽識。

我是**承包商**！

呃，請講法文。

我是**企業家**（entrepreneur）！

今日：資本家已經存在了幾千年，但是資本家經濟卻是現代的產物。歷史上多數時期，大多數人活在遵循**傳統**的農耕經濟體。

新計畫通常**不被看好**。

新工具大拍賣！

還有，投資跟儲蓄不一樣。儲蓄時，你抱緊自己的錢；投資時，你要花掉它。

花掉你的儲蓄有風險。在過去的農耕經濟中，通常風險很高，所以人們經常儲蓄而不投資。

資本、資本家與要花很多資本製造的東西，例如**金屬**商品，通常很稀少。這也是中世紀的理髮師兼任**外科醫師**的原因之一。

等等——
你有專業資格嗎？

我手上的剃刀是鎮上唯一的利刃！

就這樣？

沒人喜歡風險。日積月累，資本家們發明了**減少投資風險的方法**，例如**銀行體系**。

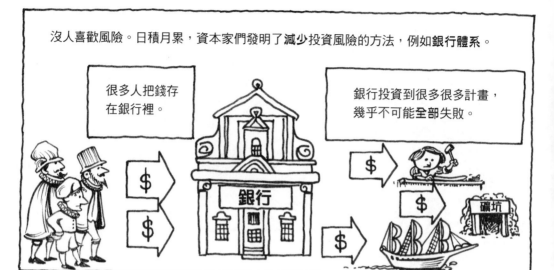

很多人把錢存在銀行裡。

銀行投資到很多很多計畫，幾乎不可能**全部失敗**。

到了十七世紀，**荷蘭人**非常善用銀行、保險與其他資本家創新。他們以貿易與製造業建構他們的經濟，而不再是農耕。

荷蘭商人的效率高到他們主宰了**歐洲的貿易**——連跟荷蘭打仗的人都向他們買東西。

他們的價格最實惠！

這讓某些人很不滿。

我們向荷蘭買補給品，他們用我們的錢雇用軍隊打敗我們！這不公平！

此時尚 - 巴提斯特 · 柯伯特（1619-1683）登場，他在 1665 年當上法國財政部長。他認為金錢就是財富，簡單明瞭。

「人人同意……一個國家的能力與偉大全靠它擁有的白銀數量作衡量。」

在本書中，直接引述會用斜體字加引號。否則，呃，就是我私自幫他們加的 OS。

柯伯特不想讓外國人賺到法國的錢。

尤其是荷蘭人！

意思是：

補貼出口

進口課稅
（關稅壁壘）

你的紡織品必須剛好包含 1408 條絲線！

用法律規範法國企業
（讓他們的產品足以跟荷蘭貨競爭）

17

柯伯特的重商主義——由政府控制偏袒本土商人——持續著……

這讓荷蘭人元氣大傷。到1672年荷蘭人壓力大得抓狂，竟把他們的首相殺了吃掉。

荷蘭失去經濟強權寶座之後，英法兩國爭奪取代其地位。

戰爭需要資金，即使法國人口是英國的三倍，英國政府通常能夠設法籌到跟法國一樣多的錢。到了1700年代，法國智庫都在猜想理由。

我們應該比英國人有錢才對。怎麼搞的？

荷蘭人滾回去

不要荷蘭貨

滾蛋！

重農主義者

法國對經濟學的想法改變了。或許財富並不像柯伯特以為的，是白銀的累積。或許財富是流動的，就像血液在人體內循環。法律、規定、關稅、補貼等等皆會妨礙自然流動。

最好別管它……

法蘭索瓦·魁奈
（1694–1774）
醫師兼哲學家

或者用法文來說：

自由放任！
（Laissez-faire）

先前很少人真正獨立地看待財富的流動。法國人把他們研究的新領域稱作**政治經濟學**；他們自稱**經濟學家**（又稱**重農主義者**，出自希臘文的「順從自然」）。重農主義者認為財富就像整個宇宙一樣受自然的機械式法則控制。

但是當重農主義者嘗試解釋財富**如何**流動……

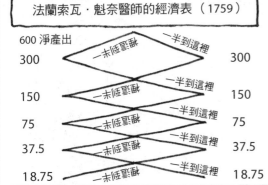

法蘭索瓦·魁奈醫師的經濟表（1759）

600 淨產出		
300	一半到這裡 / 一半到這裡	300
150	一半到這裡 / 一半到這裡	150
75	一半到這裡 / 一半到這裡	75
37.5	一半到這裡 / 一半到這裡	37.5
18.75	一半到這裡 / 一半到這裡	18.75

懂嗎？

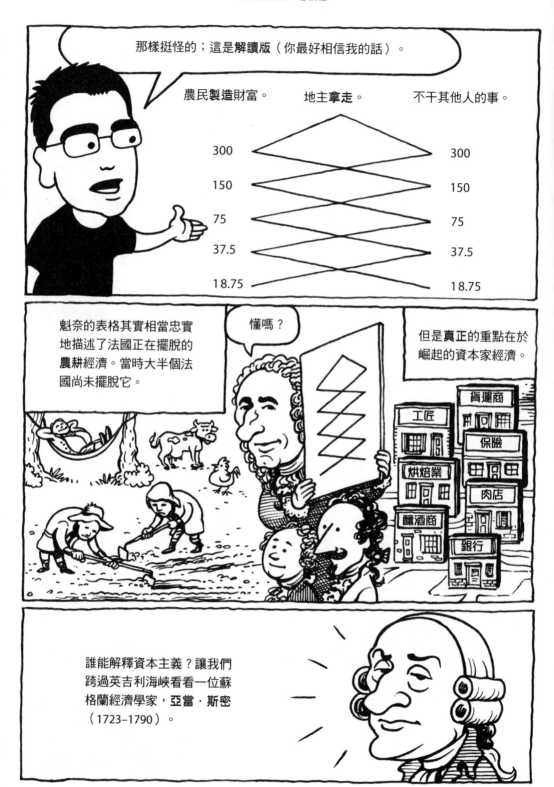

亞當・斯密與自由市場

亞當・斯密的革命性著作：

國富論（1776）

對斯密而言，財富的成因之一是勞務分工。他描述一座工廠裡有 10 個工人專做大頭針。

他們每天可以合力做出 48000 根大頭針──遠超過10個人獨立作業的總和。

拉出鐵絲	拉直鐵絲	磨出尖端	裝上頭部	其他

我連一根都做不出來！

大頭針工廠有明確的組織——
由一個人下令。

但是其他比較複雜的工作，例如做一條麵包，其所有的參與者是由誰來指揮呢？

麵包店

麵包 / 3 便士

沒有人。麵包師傅工作不是因為有個計畫經理命令他，或因為他們是想要餵飽全世界的聖人。他們工作是因為**對自己有利**。

「我們能吃到晚餐不是因為肉販、釀酒商與麵包師傅的善心，而是因為他們在乎自己的利益。」

但如果麵包師傅只關心自利，他何不這麼做？

麵包 / 10 便士

斯密的答案：

麵包店或許想要哄抬，但如果這麼做，
其餘自利的麵包店會搶走他的顧客。

即使他是鎮上唯一的麵包店，也不能太貪心。
如果他開始賺大錢，別人會放棄他們的行業加入競爭。

所以在斯密的經濟中，競爭讓大家誠實。每個麵包師傅——無論聖人或貪婪——都彷彿受到「一隻看不見的手」牽引，用公平的價格賣麵包：高到足以彌補麵包店的成本和勞務，又低到不被別人搶走顧客。

我想賣貴一點，但是沒辦法！

說到成本，麵包店的供應商、工人、房東與債主也不能抬價，否則麵包店會找他們的競爭者。以此類推。

所以一條麵包的價格包括了所有投入土地、勞力與資本的公平價格——換言之，麵包以成本價賣給社會大眾。

多多少少啦。

這是**實際上**的自由市場。假設小麥歉收。政府可以干預……

多進口小麥！

你！釋出你的庫存！

你！少吃一點小麥！

小麥 小麥　小麥 小麥 小麥

或者什麼也不做。小麥價格會上漲，然後：

| 人們會勒緊褲帶用別的食物替代。 | 商人會賣出庫存多賺一些錢。 | 貨運商會多進口小麥趁高價牟利。 |

又吃馬鈴薯？

奸商！　隨便你。

祝福你！　隨便啦。

小麥

小麥 小麥

換句話說，**自由市場**會形成條理，比真人規劃者有效率多了。想像如果有個規劃者想要安排現代紐約市的各種補給。

汽油　啤酒　燈泡　黑衣服　鐵鍊　藝術用品　貝果　咖啡　磚塊　棒棒糖　高級咖啡　阿斯匹靈

不須規劃補給，紐約幾乎從未短缺過任何的東西（除了空間）。

如果買家不能隨心所欲向任何人買，如果賣家不能自行定價，或如果假髮店不准改行賣麵包，整個系統就不會正常運作。所以人們必須擁有合理的自由。

麵包店

麵包
10便士

假髮店

所以我們回到了：

自由放任！

但現在我們了解原因：

大頭針
100根
一分錢

- 為了**獲得**，人們必須先付出——他們必須賣別人想要的東西。
- 如果有人想賣太貴，別人會加入直到價格降低。
- 所以一切都以投入製造的土地、勞務與資本等大約成本來出售。

換言之，它對社會的成本。

如果人們**不買**某產品，表示該產品不值得其所投入的資源成本。賣方將會倒閉，釋出他浪費的土地、勞力與資本。

手工精製大頭針

每根
一分錢

沒什麼損失！

所以在斯密的經濟中，**市場本身**會找出人們想要什麼，如何最有效率地賣給民眾，即使市場裡的每個人都只是在餬口而已。

從此，斯密認為市場不需任何人下令就能提供秩序的觀念，一直是經濟思想的核心。

國富論

但是有時候人們似乎花比較多時間**推崇**亞當·斯密而非**閱讀**他的書。斯密還說了些**別的**事，但是多半被遺忘了。我們來看看其中一部分。

市場的限制

亞當·斯密從來不武斷；他知道市場並不完美。市場不會執行法律、保護邊界或提供**公益**，例如清掃街道，人人都想要但是沒人有誘因去提供。

> 這些都是政府的工作。

因此，斯密認為政府應該照顧戰爭相關產業以便戰爭發生時有準備，保護領工資的勞工（因為他們比雇主缺乏議價能力），規範銀行，核准專利，保護新產業直到它們站穩腳步，設定利率上限，控制疾病，建立教育標準（以免大頭針工廠那種無聊工作把工人變成腦死的笨蛋），甚至提供公共娛樂。

「設定利率上限」尤其重要。斯密了解如果報酬太高，投資者會忘記風險。

投資農場很安全 4% 利率

投資到巴西貿易中等風險，但要 8% 利率

投資月球上的金礦！300% 利率！！！

有了利率上限，斯密預期人們會接受合理風險但迴避豪賭。

農場 4%

巴西 8%

月球 8%

你們的工資來自我們的獲利！

你們的獲利來自我們的工資！

斯密不只認為利率應該壓低；他也認為**獲利應該壓低**。斯密認為高獲利**不是好事**，因為高獲利與高工資無法並存。

高工資不只符合勞工利益；也符合**社會公益**，因為社會上**幾乎人人都是勞工**。至今亦然：如果你的收入來自你做的工作，而非收租或獲利，你**就是**勞工。

這就引發一個可能不易察覺的基本論點。

「如果絕大多數的人（勞工）貧窮又悲慘，這個社會絕不可能繁榮幸福。」

所以當資本家遵循自利心支付低工資，對社會是**有害的**。

如果他們漲價也一樣：當價格上升，**實質工資**——不是金錢本身，而是購買力——就下降。

高價格與低工資同樣令人生氣！

27

這就是斯密喜歡自由市場的理由之一：
自由市場中，資本家競爭雇用勞工，拉高工資。

他們也爭奪顧客，壓低價格。

我出每天三先令！

四先令！

賣你六便士！

五便士！

但即使在斯密的時代，**大資本家**都可能**逃避市場**。

例如，他們可以壟斷整個市場。

八便士有人賣嗎？

麵包 10 便士

麵包 10 便士

不行！

「即使為了休閒娛樂，相同行業的人很少碰面，但是其對話結果總是不利於公眾的陰謀，或漲價的詭計。」

更糟的是：大資本家有足夠**政治力**推動立法，建立**補貼**與**保護性關稅**以確保高獲利。

簡單說，就是**重商主義**。

這些法律對社會不利，但是誰懂呢？疲倦又沒受教育的勞工不懂。在這方面，**政府**通常也不懂。

對我有利就對**每個人**有利！

你是專家嘛。

蛤？

所以亞當‧斯密並不認為政府對自由市場有危險。
他認為風險在於大資本家愚弄政府去偏袒他們。

因此我們知道了《國富論》經常被遺忘的主旨：

小心**資本家**！

亞當·斯密自己的話值得一讀。

「來自（資本家）提案的任何商業新法規，永遠要非常謹慎看待，而且絕對不該採用，直到經過長久仔細的檢驗，不只用最嚴謹，也用最懷疑的方式。因為它來自一群利益永遠與大眾不同的人，他們欺騙甚至壓迫大眾通常有利可圖，因此民眾在許多情況下受到了欺騙與壓榨。」

斯密對大資本家有些**疑慮**。

「商人與製造商巧取豪奪，尋求壟斷，他們現在不是、也不應該是人類的主宰……」

這是有道理的。英國的經濟比法國自由（斯密認為因此英國比較富庶），但仍然充滿法規、補貼、保護，尤其是**政府**施加的壟斷。

壟斷是指市場上只有一個賣家。沒有競爭，壟斷者可以——也一定會——索價過高。

麵包
10 便士

例如，在斯密的時代只有龐大的東印度公司可以跟亞洲貿易。

我們的壟斷**鼓勵**我們跟亞洲貿易！

這不合理！如果亞洲貿易有利，何必阻擋人民參與？如果不利，何必鼓勵？

東印度公司的**存在**就是市場干預——東印度公司是政府創造、稱作**公司**的實體。

人造人：公司

公司是一種**法人**。它可以締結契約、借錢、雇用勞工、訴訟、擁有財產、納稅，諸如此類。

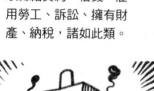

起初，每家公司都很獨特，但是現在已經大同小異。

老闆或**股東**貢獻金錢**換取**公司的**股票**（換言之，他們買了公司的一部分）。

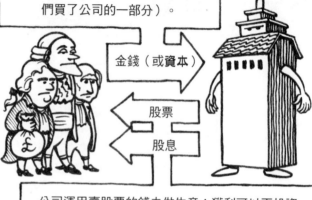

金錢（或**資本**）

股票

股息

公司運用賣股票的錢去做生意；獲利可以再投資於業務或是**分配**給股東（這筆錢叫做**股息**）。

如果公司倒閉，股東們可能賠掉投資的錢，但僅此而已。這叫做**有限責任**。

股東並不直接經營大公司。

他們選出**董事長**……

選舉

指派與監督

由他們指揮經理們。

如此讓人們可以集資進行大計畫（不是每家公司都很大，但幾乎每家大企業都是公司）。這也意味著大企業有了**自己的生命**。你可能擁有福特的股票，但是你對福特的**影響力**非常小；你多半只能隨波逐流。

其實，誰擁有股票通常**不重要**，所以股票可以自由買賣。

整個設計既古怪又無效率：經理人絕對不會像自己當老闆一樣，努力為別人的生意工作。

「所以，多多少少，在這種公司的業務管理上，必然隨時充斥著疏忽與浪費。」

「光是無用而已，真的，或許是能夠公正賦予（公司）的最高讚揚。」

其實，在斯密的時代，公司笨拙到需要政府保護才能勉強生存。對斯密而言，自由放任的好處之一就是能夠**淘汰**掉這些公司。

推翻這傢伙！

公司不是唯一獲益的一方。例如，英國商人擁有對英屬美洲殖民地貿易的法定壟斷權。

意思是英國商人獲利很高，但是英國和美洲消費者付出了高**價與重稅**來執行這條法律。

「因此商人的不當手段……被納入偉大帝國施政的政治準則中。」

另一個後果：
美國獨立革命。

不自由毋寧死：美國獨立革命

眾所周知，英國課稅引發了美洲殖民地不滿。

沒有國會代表的課稅就是暴政！

但是英國的壟斷也令他們不滿。

連東印度公司都讓殖民者很不爽。它賣得很貴……

我自己去中國買茶還比較便宜！

不准！

E.I.C.

當這家公司因為自己的短視貪婪瀕鄰崩潰，英國政府用減稅拯救它，同時殖民者仍然要付茶葉稅。

殖民者把東印度公司的茶葉丟進海裡之後，感覺出了一口鳥氣（波士頓茶黨，1773年）。

打倒公司！

波士頓茶黨協助推動了美國獨立革命（1775-1783年）；
隨即法國——按照從第18頁起反對英國的習慣——加入了美國這邊。

敵人的敵人就是朋友！

等到英國戰敗時，戰爭的花費
已經讓法國的公債失控了。

借據

法國經濟學家們認為危機就是轉機。

路易
十六

現在正是修正我們
整個經濟的好機會。

為了進行激進的改革，路易十六國王需要法國三級會議（國會）的許可。
三級會議已經一百多年沒有召開了，所以出現了一堆新議員，提出了許多激進的觀念。

例如什麼？

例如我們就是政府！

公民們，革命萬歲！

最好的時代，緊接著最壞的時代：
法國大革命

三級會議自我改名為**國民議會**，開始動手改革一切。

> 如果我們廢除不理性的法律、迷信與貿易障礙，人民就會遵循自然的理性！

但是人民並沒有突然變理性。納稅人不繳稅……麵包價格飆漲……國民議會分裂成許多派系。

> 史上第一批**左派**與**右派**！

激進派，坐在議長的左邊。

保守派（相對而言），坐在議長的右邊。

左派抓狂了，在**恐怖統治**中殺害他們的對手。

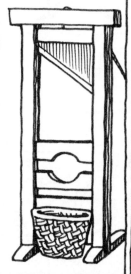

接著是混亂、侵略、拿破崙的軍事統治、長達二十年的戰爭。

法國大革命的崇高希望崩潰，讓一整個世代陷入幻滅。歐洲作家們紛紛描寫走向恐怖的過程……

> 我們製造了一個怪物！

科學怪人，1818 年出版

不只小說家。當時最大，或許也是史上最大的悲觀者，就是英國學者**湯瑪斯‧馬爾薩斯**（1766–1834）。

科學家：馬爾薩斯與李嘉圖

馬爾薩斯的《人口論》（1798）既明確又合乎邏輯：

如果放任不管，人口每隔幾十年就會加倍，以等比級數增加。

但是一旦良田用盡，糧食供給無法以同樣速度成長。頂多，我們只能指望算數級數的增加。

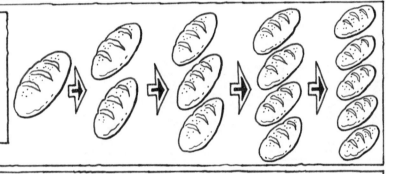

無法避免的結果：飢荒。

進步，例如終結疾病與戰爭，只會讓情況惡化。疾病與戰爭讓人口與糧食供給形成平衡。

進步太爛了！

連慈善也是餿主意──今天餵飽飢民，明天就會有更多飢民。

抱歉！

35

馬爾薩斯是對的，我們不能在有限的星球上讓人口無限成長。另一方面，經濟也不會無限成長。

但是身為牧師的馬爾薩斯淡化**避孕**的重要，即使當時已經有人採用避孕措施。

我們避而不談。

很窮的人**不**避孕。他們沒錢買，也沒受教育不懂怎樣才有效。

別擔心，寶貝。我戴了護身符。

此外，窮人需要許多小孩以確保有人活下來幫他們養老。

這就是我們的退休計畫！

所以人們不只因為養小孩變窮；他們也因為貧窮而養小孩。

我們赤腳是因為我們懷孕！

我們懷孕是因為我們赤腳！

不過，馬爾薩斯的觀念傳開了，尤其在富人之間。

拜託，先生，我好餓……

你的問題是你們**性愛太多了**！

附帶一提，馬爾薩斯是經濟學被稱作**憂鬱科學**的理由之一。

如果你看不懂。我就是「憂鬱」的部分。

「科學」的部分來自馬爾薩斯的朋友，英國經濟學家**大衛・李嘉圖**（1772–1823）。

可以說是不為人知的最重要人物。

大衛‧李嘉圖的《政治經濟學及賦稅原理》（1817）
正如其名：是邏輯、連貫、抽象的**原理合集**。

抽象需要**簡化**。例如，李嘉圖簡化了金錢。對李嘉圖而言，以物易物，以投入製作的勞力為比例。所以買一把斧頭（或其他東西）其實只是以勞力交換勞力。

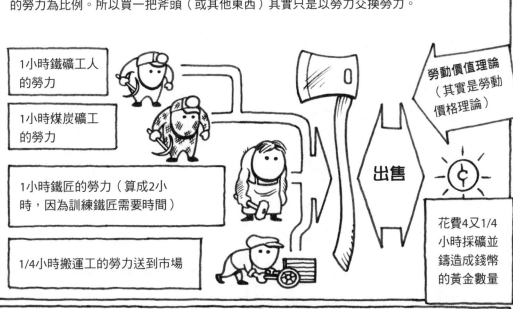

1小時鐵礦工人的勞力

1小時煤炭礦工的勞力

1小時鐵匠的勞力（算成2小時，因為訓練鐵匠需要時間）

1/4小時搬運工的勞力送到市場

出售

勞動價值理論（其實是勞動價格理論）

花費4又1/4小時採礦並鑄造成錢幣的黃金數量

李嘉圖也簡化了**人性**。他的原理根據所謂的**經濟人**而運作，就是只顧自利不顧其他的人。

更多……　更多……　更多……

到處簡化的結果就是一個完全**抽象的經濟體**——亞當‧斯密的自由市場的**理想化模型**大集合。

麵包店　麵包 10p

麵包店　麵包 5p

簡化並不一定表示**簡單**。李嘉圖有個模型，稱作**比較優勢**，是我們在本書談到最囉嗦的概念。現在就來看看。

在這個模型中，李嘉圖**排除**了英國與葡萄牙之外所有國家，與葡萄酒和衣服之外所有產品。

顯然，如果每個國家製造某東西特別有效率，分工然後**貿易**是合理的。

你們做酒；我們做衣服！

1個工人每年做2桶酒或4套衣服。

1個工人每年做4桶酒或2套衣服。

現在試想像英國在兩方面都**缺乏效率**。這樣子貿易還合理嗎？常識認為不合理。

我們**屈居劣勢**。如果讓你們的廉價商品進來，會淹沒我們！

我們何必買自己做比較快的東西？

1個工人每年做2桶酒或4套衣服。

1個工人每年做4桶酒或6套衣服。

等一下：如果英國把100個工人從做酒變成做衣服，你們就少了200桶酒但多出400套衣服。賣給葡萄牙380套，你們還是比原來多出20套。

對…所以呢？

然後如果葡萄牙把60個工人從做衣服變成做酒，你們就少了360套衣服，但是沒關係，因為英國會賣給你們380套。

OK……

這60個工人會**多做出**240桶酒。賣220桶給英國，這樣雙方都有比一開始更多的東西！

英國 / -200 酒 / +400 衣服
+220 來自葡萄牙 / -380 給葡萄牙
+20 / +20

葡萄牙 / +240 酒 / -360 衣服
-220 給英國 / +380 來自英國
+20 / +20

似乎有道理……

真奇怪！

如果你第一次沒看懂不必擔心。重點是國際貿易的**簡化模型**讓我們看出了光憑觀察可能無法發現的：即使是**劣勢的國家**，專注在它劣勢**較輕**的方面，也能從自由貿易中獲益。

比較優勢！

大衛・李嘉圖這套稱作**古典政治經濟學**的抽象方法，幾乎立刻主宰了經濟思想。

這是科學啊！

亞當・斯密經常被稱作古典經濟學家，但他其實非常不同；他生動豐富地用真實肉販與麵包師傅做真實決定的方式說明，不太像古典政治經濟學那種抽象、理論性的世界。

古典政治經濟學很適合教室，在十九世紀初期，經濟思想的主流轉移到**學術界**。從現在起我們會像這樣描繪主流經濟學家：

即使現代，大多數經濟學都是學術產物，大多數經濟學家也用精確嚴謹的模型來思考。

科學！

可怕又複雜的數學

但是我們再來看看比較優勢。這裡有些真實世界的可能性為了簡化，被李嘉圖從模型中排除了。

有什麼能阻止英國老闆把公司搬到有效率的葡萄牙，讓英國工人失業呢？如果運送貨品的花費比貿易獲利本身更大呢？如果貿易**中斷**呢？葡萄牙會只有**一大堆酒**卻沒**衣服**！

你想說什麼？

比較優勢模型**可能**適用於真實世界，但也可能不適用。模型本身無法**證明**任何事情。

但是李嘉圖的模型**太吸引人**，無論經濟學家多麼苦口婆心提醒，民眾老是**忘記**這點。

「李嘉圖的方法很有用。但是胡亂運用其暗示去解決真實問題，可能發生更大的弊端。簡化讓模型有用，也讓它有缺陷而不可靠。」

艾佛烈・馬歇爾（1842-1924），英國經濟學家

人們仍然繼續遺忘。我們仍然聽到**這種話**：

自由貿易**永遠**是好事！比較優勢理論**證明**了！

在這方面，當我們聽到**有人說**……

自由市場**永遠**適用！要自由放任！

他們描述的不是真實世界。而是李嘉圖式的**抽象模型**。

第1步：假設有個理想化的自由市場。

第2步：根據假設進行計算。

第3步：你的計算會顯示自由市場最理想。

這不盡然是巧合——它對有錢有勢的人確實很有用。

理由之一：模型的自由市場像精密調校的機器般運作，根據人們為別人做了多少事分配所得。所以在理論性完美的自由市場中，如果你有錢，那是因為你**值得**。

不如我們向你課稅用在我身上吧？

那樣就像往機器裡丟扳手。**大家都會變窮。**

萬事按照理論運作的概念總是令人安心，而十九世紀初期的民眾確實需要安撫：**真實**經濟正經歷著痛苦、混亂的變遷。

原理

工業革命正在改變一切！

嘟 嘟 嘟

中產階級，在過去貧困的百年統治下，創造了
比先前所有世代加總更強大的生產力。大自然
力量屈服於人類，機械、化學在工業與農業上
的應用，蒸汽動力、鐵路、電報，清除整塊大
陸用來耕種，河流運河化，憑空冒出大量人口
——上個世紀的人哪裡預料得到強大生產力就
在社會勞動力的腿上沉睡？

——卡爾·馬克思與腓特烈·恩格斯，
《共產主義宣言》（1848）

第二章

全速前進

（1820-1865）

工業革命的革命部分在哪裡？
蒸汽動力。

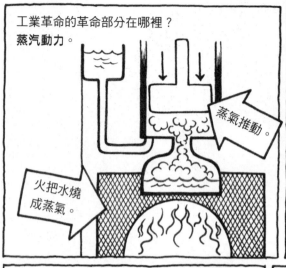

蒸氣推動。

火把水燒
成蒸氣。

要了解蒸氣，我們必須回頭看：

煤炭

煤炭像石油一樣，是化石燃料。

就是恐龍肉！

英國有很多煤炭；英國人早在中世紀
就使用便宜煤炭取代昂貴的柴火。

煤炭

買煤炭喔！
拯救樹木！

一袋五便士

但是煤礦坑很常淹水，直到1700年左右只有一種可靠的
動力來源能夠抽水，就是自古以來存在的這種：人力。

額外的工人很昂貴。

然後到了1704年，英國鐵商湯瑪斯・紐科門研發了一種「空氣引擎」（早期的蒸汽機），用來幫煤礦坑抽水。火力取代了肌肉。

你知道我們正處在現代世界誕生的一刻嗎？

蛤？

但是紐科門的引擎**很耗燃料**；除非在燃料**很便宜**的地方（例如煤礦區），操作費用會比舊式人力幫浦還高。所以幾十年內沒什麼大改變。

1760年代，蘇格蘭工程師詹姆斯・瓦特設計了在任何地方費用都差不多的高效率引擎。很快企業家們就用來紡織與推動機械，工廠到處設立，產出大量的貨品（起初多半是棉布）。

接著蒸汽引擎推動**蒸汽船**（1807），協助把貨品運到顧客面前……

還有鐵路（1820年代）。

英國開始改變……而且很快！

艱困時代

一個工廠工人的產量，等同於好幾個手工業者。所以商品變多，但工作機會也變少了。

怎麼辦？

去工廠找工作。

倒閉

找不到工作的人變得很慘。

去找工作！

根本沒工作啊！

你父母生你之前就該考慮清楚。

馬爾薩斯

即使有工作的人也很辛苦。在28頁，我們看到十八世紀自由市場的工資是由議價設定：工人降價互相競爭，而老闆抬價回來。

我出每天三先令！

四先令！

但在十九世紀的工廠，幾百名工人必須跟唯一的老闆議價。

從現在起你們週薪七先令。

我無法接受！

我可以

我也可以

所以工人接受低薪、惡劣環境與18小時的工時。你可以在狄更斯小說中看到這些慘狀，1824年他才12歲就到工廠工作了。

如果這些機器能節省勞力，為什麼我們必須更辛苦工作？

有時情況還會更糟糕。

更糟？

衰退是很詭異的情況：
東西怎麼會太多呢？

布料

問題不是人們**不想要**東西。
人性通常想要更多東西。

除非他們
是佛教徒。

他們只是**沒錢**去買他們要的東西。工廠或許能夠把產量變兩倍或三倍，但是經濟體中的貨幣數量不變。

布料

政府並不會多印一些錢。十九世紀是**金本位**的全盛時期：紙鈔可以自由兌換成黃金。

金本位似乎很合理；畢竟，紙鈔在中世紀出現時就是當作儲存在金庫的**黃金收據**。

真的，紙鈔的價值**不是**來自黃金。人們接受紙鈔的理由跟接受其他形式的金錢一樣，**包括**黃金：相信別人會接受它。

我想用我的錢交換日用**雜貨**，不是黃金。

金本位把紙鈔的供應跟黃金的供應連動，不論是否需要更多貨幣。但是即使你採行金本位，仍有其他製造金錢的辦法。我們就來看看**部分準備金制度**。

部分準備金制度聽起來很陌生，但只是我們都很熟悉的銀行形式。顧客存入現金……

銀行把它借出去，從收取的利息賺錢。

銀行不會把錢全部放出去。它保留**一部分**當作儲備——假設 1/5（20%）——其餘的才借出。

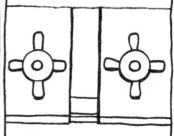

所以，在十九世紀，如果某人在銀行存入 1000 英鎊…

銀行可能保留 20% 再把剩下 800 英鎊借給別人……

他會用來買蒸汽機。

他會立刻用來開個銀行帳戶。

銀行會保留其中 20%（160 鎊）作儲備，把剩下的 640 鎊借給別人……

賣家會把錢存入他的銀行（可能是也可能不是同一家，這不重要）。

如此循環。

如果各銀行一直借出現金，錢也一直回流，原始的 1000 英鎊會創造出額外的 4000 英鎊銀行帳戶（總共 5000 英鎊）。

£800
+ £640
+ £512（640 的 80%）
以此類推，一路算到每一分錢
＝£4000

這些價值 5000 英鎊的銀行帳戶會由 1000 英鎊現金與借款人的 4000 英鎊借據作擔保。

既然人們可以隨時從銀行領到他們的錢——或開支票讓別人領到錢——銀行帳戶就跟**現金**一樣。所以銀行拿到 1000 鎊現金把它變成了 5000 鎊現金。

這個作法就是把**債務**變成**錢**。這個想法讓某些人生氣，但我不確定為什麼——真的，金錢就是債務。

來自世界其他國家的借據，可以交換勞務或商品

部分準備金制度至今仍在運作；行得通是因為我們不會同時把所有錢領出來。銀行金庫裡的部分就足以應付日常提款。

我們多半改成互開支票，或用電子匯款，轉移所有權的同時，錢仍留在銀行裡。

但是在十九世紀，若謠傳某銀行出問題，無論真假，就可能引起**擠兌**……

銀行

我的錢在哪裡？

哪裡？

哪裡？

借出去賺**更多**錢了。

所以許多衰退是**恐慌**造成的。

買點布吧？

我很想，但是我的錢消失了。

有些人認為衰退**完全是**因為銀行擠兌之類的金融失靈所造成。

真的，沒人知道衰退發生的原因。

你們只是懶惰！

難道鎮上每個人都突然發懶了？

就在工廠關閉的那天？

但是有個明顯的對策：

如果有外國人願意買這東西，我就有獲利了！

布料

我也能保住工作！

所以英國在十九世紀推動**自由貿易**。

我們必須能夠自由銷售我們的產品！

中國想要限制貿易，但打幾場戰爭就解決了這一點。

為了自由貿易！

我們沒有**不貿易**的自由嗎？

在其他地方，英國**保護**它的商人，可能意味著征服跟他們意見不合的人。

國旗跟著貿易走！

英國甚至在十九世紀初期征服了**印度**。跟英國貨競爭的印度貨都被禁止。

這叫自由貿易？

但是建立帝國並未解決問題；只是擴散問題而已。

買布嗎？

我拿什麼支付？

找份工作啊！

你把我的工作搶去英國了！

說到擴散，在 1820 年代，工廠在歐陸與北美洲大量出現。

我們的**顧客**逐漸變成**競爭對手**了！

公平分享：社會主義

有些人覺得亞當‧斯密的自由競爭並沒照理論上的應然在運作。

為何要蓋工廠讓它有一半時間閒置？

為何工人累得半死，同時其他人缺乏工作而挨餓？

如果布料這麼便宜，為何製造的工人穿得破破爛爛？

這些財富可以造福所有人！只是我們必須合作！

我們該怎麼自稱？

集體主義者？

不要。

反個人主義者？

不好。

社會主義者？

這個好。

但是合作說起來容易……

我有完美的計畫。我們動手吧！

嗯哼。我的計畫顯然比較好。

你們白癡！只有我的想法行得通！

社會主義者爭論不休，因為他們從未經過經驗的考驗。

笨蛋！

呆子！你沒看過費爾巴哈對黑格爾的評論嗎？

「我自己對兩千年來的政治低能大惑不解：我認為現在與未來的世代將會尋找他們無窮幸福的根源！」——查爾斯‧傅立葉（1772-1837），法國社會主義哲學家。

有個社會主義者身體力行：腓特烈‧恩格斯（1820-1895）

恩格斯離開他父親擁有一座工廠的德國去旅行，
來到英國紡織業中心與世界第一個工業大城曼徹斯特。

停留期間，恩格斯走訪**貧民窟**，1844 年出版了《英國工人階級生活狀態》。他的結論：

太糟了！

1844 年還是個**繁榮年**。
恩格斯預測 1847 年會有另一次**大蕭條**……

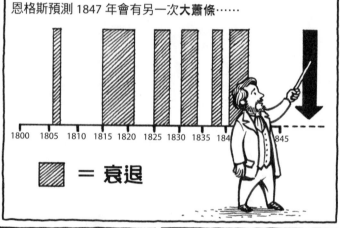

▨ ＝ 衰退

而且大蕭條很快就會引發**革命**。

「你幾乎猜得到日期……」

大蕭條果然如期發生；1848 年，革命蔓延到全歐洲，只有英國還在革命邊緣。

同一年，恩格斯和德國哲學家卡爾·馬克思（1818–1883）出版了《共產主義宣言》。（在當時，共產黨是社會主義者的另一個名稱。）

共產黨有多少人？

我們兩個！

54

共產主義宣言簡短明瞭，但包含了整套歷史理論——認為歷史其實就是**階級鬥爭**。

以這種觀點，**中產階級（資本家）**摧毀了農業社會，這是好事。

但是中產階級掌握了**所有資本**，其餘每個人都沉淪為**無產階級**——窮苦的大眾。

「你們震驚於我們去除私有財產的意圖。但是在你們現有的社會中，十分之九人口的私產已經被剝奪了……」

好消息是：當每個人都是無產階級，他們就會團結，而中產階級會把彼此逐出市場直到只剩下幾家。

然後……

這時候無產階級（也就是每個人）都可以為了公益經營工廠。

全世界的工人，
團結起來！

但是工人們沒有團結，1848年的革命多半失敗。馬克思下定決心逃到英國：

我會證明革命快來了！
等著瞧！

馬克思花了二十年時間寫他的證明，所以我們暫時不管他。

另一方面：工業的好處

我們花了很多時間談工業革命的黑暗面；現在來看看光明面。

舉例來說，若長遠來看，景氣循環傾向上升而非下降。

必須看**長期**數據！

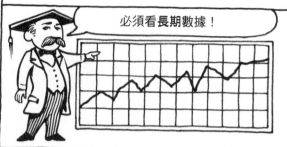

此外，工廠產品確實流向了窮人。工業革命之前，大多數人**缺乏**我們視為理所當然的各種東西。

大量生產的意思是為了大眾生產！

雖然工廠裡的生活艱苦，在田裡經常更辛苦，自古以來都沒什麼改變。

法國農民
1415 年左右繪製

法國農民
1850 年左右繪製

例如，在農業化的愛爾蘭，一百萬人（**八分之一人口**）因為**缺乏馬鈴薯**在 1845 到 1849 年間餓死。

工業化的貧窮比鄉下的貧窮明顯，但未必更艱苦。

我們可以回去種田。

你瘋了嗎？

還有，當日子變難過，慌亂的人有時會逃離。所以我們跟著這些人來到新生的美利堅合眾國。

美國的民主

美國，是美國革命的產物，剛開始時並不順利。第一個政府，**大陸會議**，並沒有課稅權。因此它沒有變成獨裁政權；也沒什麼能力做太多事。

有代表而不課稅似乎行不通……

憲法（1789）給了政府更多權力。財政部長亞歷山大·漢米爾頓想讓有錢人擁有這份新權力；國務卿湯瑪斯·傑佛遜卻想要民主制度。

漢米爾頓

「擁有這個國家的人應該要治國。」

傑佛遜

約翰·杰

「只有民眾自身，才蘊藏著社會的最終力量……」

傑佛遜是個奴隸主，但他的想法與眾不同。他了解想要**政治**獨立的人也應該**經濟**獨立。對他而言就是每個家庭自己耕種自己的土地。

每個家庭？

理論上！

傑佛遜和漢米爾頓各自組了**政黨**。漢米爾頓的聯邦黨早已消滅，但是傑佛遜的民主黨至今仍在。

傑佛遜在 1800 年當上總統，到了 1804 年副總統艾倫·波爾在決鬥中射殺漢米爾頓，所以早期共和制是**傑佛遜派**，提供便宜土地給拓荒者。

便宜土地表示勞工有了**議價權**。

不加薪我就自己開農場！

西　東

事實上，高薪工人的工作品質優於被恐懼與需求驅使的人，因此多付一點工資比較有效率。問亞當‧斯密就知道。

「工資高的地方…我們會發現工人比較主動、勤勉又敏捷，超過低工資的地方……」—亞當‧斯密

高工資也給了美國老闆誘因，更有效率地運用勞力——例如，**組裝相同、可互換的零件**，而非一個人做完整個產品。

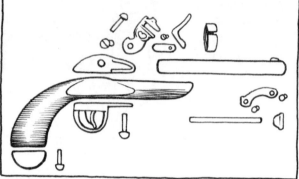

到了 1830 年代，正因為付給美國工人高工資，美國製造商與貨運商已經能與英國競爭。

因為機會這麼多，美國人通常自力更生。

努力工作不酗酒的人都能成功！

至少，在北方是這樣。

在南方，就未必了。

南方人把他們的問題歸咎於關稅、稅負、銀行家……不知何故他們忽略了一個重大理由：

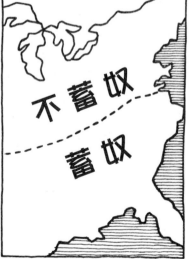

不蓄奴

蓄奴

自由國度裡的奴隸

奴隸制度就是過度擴充財產權，讓某些人擁有**其他人**。

奴隸勞力**缺乏**效率。因為害怕懲罰而被迫工作，一定做得**不好**。或者如同亞當‧斯密形容：

「*奴隸做的工作，雖然看似只需要維護費用，到頭來是最昂貴的。*」

亞當‧斯密

憲法起草人希望逐漸廢除奴隸制。然後，就在工廠開始需要大量棉花時，軋棉機（1790年代）把清理棉花的速度提升了一百倍。

這下棉花的獲利高到可以支撐整個奴隸經濟！

蓄奴越有賺頭，奴隸主越難看出其中的弊病。

黑人**適合**當奴隸。他們就跟畜牲一樣！

他們甚至想把奴隸制**推廣**到全國。自由工人與農人不喜歡這樣；他們組成了新政黨，叫做共和黨。

1860年，共和黨的亞伯拉罕‧林肯當選總統。

讓我們的國家自由

別讓奴隸制擴散

這是小人物的勝利！

這個小人物高得嚇人！

南方脫離聯邦，然後發動**攻擊**，內戰爆發。

經濟體之間的戰爭

打仗需要的不只是棉花，所以南方連供養軍隊都很困難。

北方只需要印鈔票買需要的東西就好了。

北方企業生意很好，部分是因為欺瞞政府。

卡內基

JP摩根

「只要有膽子開口，你可以用任何價錢賣任何東西給政府。」
——詹姆斯「鑽石吉姆」費斯克（1835-1872），商人

企業賣給聯邦部隊假火藥、生蛆的肉、會走火的彈藥和**劣質**制服——下雨就會融化的膠合棉絨。

我用咖啡跟你換火藥好嗎？

北方終於在1865年贏得內戰，這正是喘息的好時機。

柯伯特成為財政部長

瓦特的蒸汽機

馬爾薩斯的論文

《共產主義宣言》

魁奈經濟表

法國大革命

第一條載客鐵路

1665　1672　1704　1759　1765　1776　1789　1798　1807　1817　1821　1848　1860　1861-1865

荷蘭吃掉總理

《國富論》

第一艘載客蒸汽船

林肯當選

紐科門的蒸汽機

美國獨立革命

李嘉圖的著作

內戰

接著我們回到英國，繼續看卡爾·馬克思的故事。

經濟體之間的戰爭

1867 年，馬克思寫完了可怕的《資本論》。

「第一冊！」

別忘了，馬克思想要**證明**革命即將來臨。對他而言，意思就是用**經濟學家**自己的方式證明。馬克思幾乎看過了所有經濟學家的著作……

但是嗤之以鼻。

「侏儒經濟學家！」
「裝模作樣的愚蠢！」
「嚴重缺乏關鍵才能！」
「廢話！」
「無聊的鬼扯！」
「虛假的學識！」
「仿效資產階級愚蠢方式的天才！」

馬克思保留了李嘉圖的**勞動價值理論**（37 頁），但是質疑：

如果一切都以勞力成本出售，利潤從哪裡來？

他的答案是？**勞力本身**。

資本家以他的**成本**雇用工人，足以讓工人存活的錢。

但是一天很漫長，工人很強壯。他製造的財富**遠超**過他存活所需。這個**剩餘價值**就是資本家的獲利。

「市場」

延續這個邏輯：隨著機器改進，工廠需要越來越少工人……

但是利潤來自壓榨工人。可壓榨的工人變少獲利就減少。最後我們會有一大堆失業人口跟極少數賺不到錢的資本家。

所以我們又回到《共產主義宣言》。《資本論》就是《共產主義宣言》改寫的古典政治經濟學。

支持與駁斥馬克思邏輯的書籍簡直汗牛充棟。

但是馬克思的邏輯適用於李嘉圖的模型經濟，而我們並非生活在模型裡。

《資本論》提出許多現實世界的好論點，例如：「勞力」是活生生的人，不只是另一種商品。

還有個重點：**量產需要龐大的組織**——遠超過斯密的自由市場所能應付。所以大企業必須要**有人經營**，可能就是**我們**——換言之，經濟會自我社會化。

是自動的！

另一個洞察：資本家這個集團若不雇用任何人，是賺不到錢的。

資本家會盡量壓低工資……

讓我們（但或許不包括馬克思）發現資本主義有個問題：

但是他們需要消費者有錢。

出問題是因為大多數消費者都是工人。

他們花費的錢從哪裡來？

馬克思在《資本論》中最大的高見：**工業資本主義跟斯密的市場資本主義**不同，需要獨立去了解。

工坊 ≠ 公司

但是《資本論》的好觀點可能淹沒在糾結的邏輯與平淡無趣中。很難想像工人會在午休時間閱讀它。

「所以，在迅速流動中，出現了相反與互補階段的液態連結，例如商品形式從效用轉變為價值，又往反方向重新轉變，或兩者互相買賣。」

看來不像「全世界工人團結起來」，對吧？

這並不表示工人很被動。在英國，他們正在**組織工會**。

工會（與改革）

在工會中，勞工**集體**議價而非互相降價競爭。

每週七先令！

我們不接受！

說得好！

我接一唉唷！

這樣**集體議價**恢復了勞工的議價權。

不公平！我沒有工會！

你已經是個實體了。

到了十九世紀後半，工會到處皆有斬獲。

好吧，每週九先令。

好耶！

對工人的更多好消息：英國政府不再把工廠環境當作私事，開始干預，例如**1850年**的《**工廠法案**》，規定每週工時上限「只有」60小時。

此外，**合作運動**也實驗讓銀行、礦場與其他企業**集體**運作。

誰是老闆？

我們都是！

集體運作結果還 OK；有人以為躍升到集體社會很容易。但是我們在小集團而非大集團中比較容易合作。

我們進化到小集團合作的生活方式！

到了《資本論》出版時，多虧了**逐步改革**，工人生活終於獲得改善。
連恩格斯也這麼想，不過他並不滿意：

「英國無產階級其實變得越來越像資產階級……」

恩格斯不滿意是因為像他這種馬克思主義者，認為改革只是**敷衍**。
從一開始就不團結的社會主義者分裂成：

改革者
（社會主義者）

你不是唯一認為
現狀必須改變的人！

與革命黨
（共產黨）

重點是**取代資本主義**，不是改良它！

（在分裂之前，**共產黨**和**社會主義者**是同義詞。）

但是，馬克思仍然預期
人民會發動革命。

欸！如果革命**無
可避免**，誰還需
要共產黨？

俄國馬克思主義者伏拉迪
米爾·列寧（1870–1924）
更進一步：他說共產主義
者應該**主動奪權**。

然後我們會把權力交
給人民！相信我們！

但是，俄國警察國家
對革命黨，甚至改革
派都沒有耐心。

放逐

你可能猜想 1871 年在「鐵血宰相」奧圖·馮·俾斯麥之下統一的德國會像俄國一樣；俾斯麥可不是民主派。

立刻實施社會主義！

但是為了**打敗**社會主義者，俾斯麥加入他們。

立刻實施社會主義！

很快德國工人就有了老年退休金、意外保險與醫療保險。

快去工作吧！

大資本家也知道誰才是老大。

這裡需要一條運河。

遵命。

這裡需要船塢。

遵命。

還要設法籌資。

遵命。

北海

波羅的海

日耳曼帝國

資助＝為一個計畫提供資金。

籌資＝為一個計畫安排資助。

俾斯麥引導經濟中的關鍵部門，同時放任其他部門，發明了現代的**混合式經濟**。

管制
重工業
工業勞力
運輸

不管制
農場
小企業

德國的混合式經濟成功了——德國開始趕上英國。其實，混合式經濟的成效好到今天，幾乎每個經濟體都是混合式經濟，包括美國。

沒錯，我們活在**混合式經濟**中，不是純粹資本主義。例如，我們再看看現代紐約。我們在 24 頁提過試圖控制**一切**是行不通的……

但是很多事情**受到管制**。

即使「自由市場」貨品都必須符合政府的品質**標準**，而且用公營的道路、橋梁與隧道運輸。

自來水是公共服務。

警察與**消防員**由政府雇用。

電力由受到嚴格管制的公司提供。

如果紐約把衛生與下水道交給市場，很快就會被自己的廢棄物淹沒。

我們把這些東西視為理所當然，但是其中很多一開始是**社會主義的實驗**。如今，問題**不是**經濟中某些部分是否應該由政府管制——真正的問題是哪些部分、應該**如何**管制，又**為了什麼**目的。

我們很少這樣看問題，或許因為我們都已經很擅長用**自由市場**方式來思考。其實，十九世紀末期，連德國都用社會主義實驗過，英國至少也試過水溫，經濟學家們想出了思考市場如何運作的**新方式**。

供給與需求：新古典經濟學

我們再來看看馬克思的《資本論》：它是對主流經濟學家的挑戰。

但是《資本論》發表後不久，經濟學家們開始偏離李嘉圖的勞動價值理論。

喂！

里昂·瓦拉斯（1834-1910）（法國經濟學家）

你相信勞動價值理論，所以你得相信我！

艾佛烈·馬歇爾（記得他在40頁出現過嗎？）

威廉·史丹利·傑文斯（1835-1882）（英國經濟學家）

他們是有道理的：勞動理論太過粗糙。它假設東西都以**平均**成本出售。
但是記得馬爾薩斯的論點嗎——糧食增加不會像人口一樣快？

另一個看法是，每增加一個農夫就製造更多糧食，但不是**等比例**增加。

另一個說法：**沒有**平均成本這回事；每個增加的，或**邊際的**，單位糧食都比前一個單位花費更多。這是遞減的報酬率。

還有，李嘉圖對於**需求**並沒有說太多。但是看看莎士比亞的《理查三世》中，理查國王對馬匹的需求。

買馬！買馬！我的**王國換一匹馬**！

理查這麼想要馬是因為他**沒有**。如果他已經有一匹，就不會急著要另一匹。如果他有一群馬，可能根本不想要其他馬了。

我出一分錢買馬！

換句話說，我們對物品的欲望隨著**擁有數量遞減**。這叫做**效益遞減**：每增加一個單位，對我們的價值就變少，所以我們只願意付少一點。你可能覺得家裡的第二輛車值得那個價錢，但是第七輛則否。

我們可以用**圖表**來呈現效益遞減和報酬遞減。

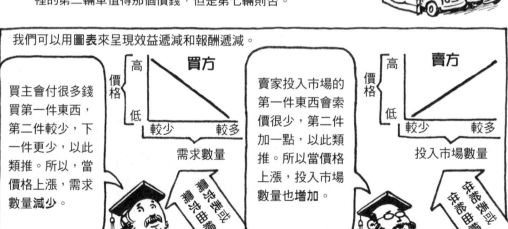

買主會付很多錢買第一件東西，第二件較少，下一件更少，以此類推。所以，當價格上漲，需求數量減少。

買方

價格　高　低

較少　　較多

需求數量

需求表或需求曲線

賣家投入市場的第一件東西會索價很少，第二件加一點，以此類推。所以當價格上漲，投入市場數量也增加。

賣方

價格　高　低

較少　　較多

投入市場數量

供給表或供給曲線

這符合常識：賣家會想趁高價時多賣一些，而買家會想趁低價時多買一些。

我們甚至可以編個**數字**，說明想像中的小麥市場。

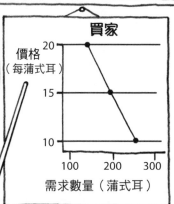

現在我們把供需曲線放進同一張圖中。

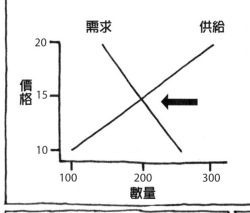

如果小麥價格假設每蒲式耳20先令，賣家會拿出300在市場賣，但是買家只會想買150。

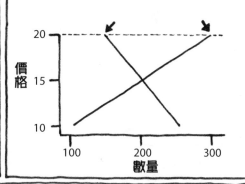

賣家會削價競爭。

我只賣19先令！

18！

17！

如果價格是每蒲式耳 10 先令，買家會想買250，但賣家只會拿出 100 在市場賣⋯⋯

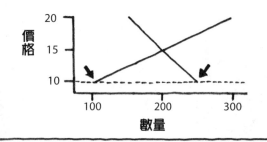

買家們會把價格往上抬。

我出11！

12！

價格會逐漸傾向交叉點，也就是**平衡點**。一旦穩定，就沒有理由移動；賣家會拿出剛好買家想買的數量。很容易就能斷定：

200蒲式耳會賣在每單位15先令！

我們可以**移動**曲線來表示供需的變化。如果供給增加，例如大豐收時，市場會找出較多數量賣在較低價格的新平衡點。

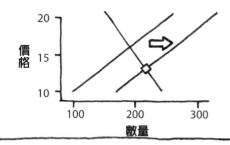

這只是個大概；有各種細緻、巧妙的方法來操縱圖表。價格的供需模型出現在1890年艾佛烈·馬歇爾的《經濟學原理》之後，很快成為經濟模型的新基礎。

在40頁，我們看到馬歇爾警告別把李嘉圖的模型太當真。難得的是，馬歇爾對**自己**的模型也是這麼說。

「它的侷限不斷被忽略，尤其是那些從抽象觀點看待的人，把它丟進明確的形式有其風險。」

他甚至把他的學科稱作**經濟學**而非**政治經濟學**；他認為這個科目**太抽象**不能當作政策的導引。

不過，總有一天我們會「回歸現實」。

經濟學原理

這門新經濟學也稱作**新古典**經濟學，因為它保留了李嘉圖的古典方法——仍然是個邏輯模型的系統，根據在真實世界未必成立的簡化假設而來。以下就是一部分假設：

■ **經濟人**（37頁）理性追求自我利益的人

■ 供給與需求除非被移動否則永遠不變，意思是：
　★ 收入永遠不變
　★ 品味永遠不變
　★ 其他的價格永遠不變

■ 人人都有同樣的資訊來源

■ 所有買家和賣家渺小到他們的行為無法影響商品的價格

但是即使發明了這些新模型，真實世界不斷**推翻**最後一項假設，尤其在美國，所以我們要回到美國去。

大眾都去死吧。

——威廉‧H‧范德比爾特（1882）

第三章

金錢的力量

（1865-1914）

美國內戰之後，奴隸自由了，西部開放了……

永遠有廉價土地和高工資了！

但是南方未如預期般大幅改變。富人或許不再擁有奴隸，但他們仍然擁有土地。

幾乎一樣好！

而北方有個新問題：企業在戰爭期間成長壯大，他們並不打算停下來。

美國鐵路化

企業壯大的理由之一：
他們進行大型計畫。

例如**跨州鐵路**。這顯然有需要，
但是誰要負擔龐大的費用？

如果我們等待民營
鐵路鋪到加州，恐
怕要等一輩子。

華盛頓有資源——聯邦政府**擁有**大半個西部
——但美國人民憂慮政府權力。

鼓勵**民間**企業家似乎比較安全。

你可以**免費**擁有鐵路
兩旁的**土地**！加上貸
款與**全額費用**補助！

跨州鐵路在 1869 年完工，
但是沒人確定這筆錢花得值得。

為什麼蓋
成這樣？

因為政府按
里程數付錢！

結果聯邦政府給了
鐵路公司——或幾
乎每一個自稱鐵路
公司的人——足以
填滿大半個**德州**的
土地；州政府又給
他們**更多**。

而當人們要求以服務大眾
的精神回報時，呃……

車票多少錢？

售票

你有多少錢？

鐵路公司可能索取天價，因為他們是**天
生壟斷者**——從 A 點到 B 點有一條鐵路
或許合理，兩條平行就說不通。所以**先
蓋好**的鐵路就是唯一的鐵路。

不要拉倒。

不過，鐵路把經濟活動串連在一起，
把美國變成一個大市場，意思是**規模
經濟**讓夠大的公司可以享有優勢。

可是當初是**我們**給你土地和錢去蓋你的鐵路！

規模經濟適用於大量製造東西較便宜的時候。它們通常伴隨著缺點：單位成本較低，但是前置費用較高。

一家大工廠可以做出每噸更便宜的鋼，但首先你得蓋工廠！

第一個付出前置費用的人就有巨大的優勢，很容易成長得**更大**。

最後高昂的前置費用像法律一樣有效地阻絕了競爭者。

鐵匠

我也想要競爭。只要我負擔得起建造像城市一樣大的工廠。

規模經濟在十九世紀末運作得很激烈。大企業變得更大，同時讓創辦人變得有錢到無法想像。

加州

菲利浦·阿默（1832-1901）肉商

芝加哥

柯奈流士·范德比爾特（1794-1877）鐵路

紐約

匹茲堡

賽魯斯·麥康米克（1809-1884）農業機械

安德魯·卡內基（1835-1919）鋼鐵

安德魯·梅隆（1855-1937）卡內基的銀行家

李蘭·史丹佛（1824-1893）鐵路

理查·席爾斯（1863-1914）郵購商品

華盛頓·杜克（1820-1905）菸草

北卡羅萊納州

多大才叫大？**沒有限制**；單一公司可能吞噬整個產業。試想像：

大油商（與其他大事）

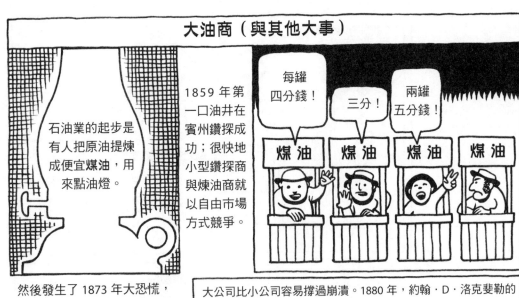

石油業的起步是有人把原油提煉成便宜煤油，用來點油燈。

1859 年第一口油井在賓州鑽探成功；很快地小型鑽探商與煉油商就以自由市場方式競爭。

每罐四分錢！

三分！

兩罐五分錢！

煤油　煤油　煤油　煤油

然後發生了 1873 年大恐慌，史上最糟的崩潰，由世界各國的銀行相繼倒閉引發。

可惡！

他媽的！

天啊！

大公司比小公司容易撐過崩潰。1880 年，約翰·D·洛克斐勒的標準石油買下一些競爭者，跟其餘的結盟，擊潰剩下的對手。

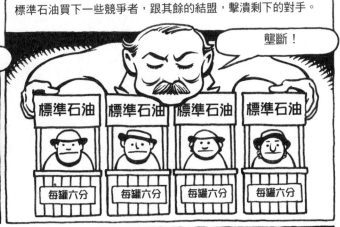

壟斷！

標準石油　標準石油　標準石油　標準石油

每罐六分　每罐六分　每罐六分　每罐六分

嚴格來說，壟斷一詞只適用於賣家；沒有競爭者的買家叫做獨買者。標準石油既是壟斷者也是獨買者。

買賣他都賺！

標準石油從來不是完全壟斷；它總是到處有幾家對手。但是大公司**不需要壟斷**就能控制市場。

他們可以收購……

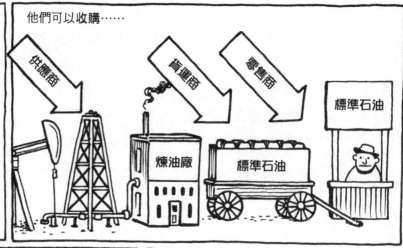

供應商　貨運商　零售商

煉油廠　標準石油　標準石油

並且**霸凌**他們沒收購的。
（標準石油甚至欺壓鐵路公司。）

我們託運的每桶油都要一美元回扣。

好吧……

我們**競爭者**託運的每桶油也要一美元回扣。

太過分了！

若不同意我們就自己蓋鐵路。

他們甚至可以**控制競爭對手**。

你為什麼不降價搶他的顧客？

標準石油

聽話石油

每桶6分

每桶6分

這樣做他會消滅我。只要我照他的價格賣，他就容忍我。

這些**大企業**的優勢在亞當·斯密的時代也存在。但是當年，**弊大於利**。

信上說愛丁堡分公司的現金只夠撐兩天了。

派馬匹運一箱銀子過去。

不用吧？這是一週前寫的信。

所以十八世紀的企業成長得太大會被自己壓垮，除非政府支撐。因此，如同我們在 31 頁所見，亞當·斯密才說：

自由放任！

但是一世紀後，科技改變了。

礦砂運送延後了！

發電報叫密西根多送一點來！

紐約分公司需要現金！

匯錢給他們！

有位董事來不及出席會議！

讓他用電話參加！

從此以後，壯大的優點超過了缺點，企業彷彿被「一隻看不見的手」引導，要成長並且壟斷。

這樣才賺錢！

成長在 1890 年變得更容易，因為紐澤西州讓公司擁有其他公司的股票。意思是一家公司可以收購另一家的股票，把它併吞。

「美國的幕後老闆」

此時紐約華爾街的大銀行家 J. P. 摩根（1837-1913）登場。華爾街是大企業股票交易的地方，而且常有弊端。

操縱　花招　欺騙　搶劫　捲款潛逃

摩根喜歡秩序；他收購一個接一個產業裡的大公司，變成一群超級公司，又稱托辣斯。

美國鋼鐵　通用電力　紐約中央鐵路

當 J. P. 摩根組成托辣斯，他保持控制權。所以一小撮商人——摩根、洛克斐勒、鐵路大亨與其他人——掌管了大多數經濟活動。

呃，各位？

到了十九世紀末期，美國是**混合式經濟**，小企業與農場以**社會主義**方式團結，由大企業經營。

喬治·柏金斯的摩根的銀行合夥人

這種秩序和規劃是**需要的**，因為我們在76頁所見的前置費用上漲與單位成本下降。

「在鐵路、電報線、鋼廠、石油公司等行業，合作的概念發揚光大真是太好了，取代了混亂的（自由市場）狀況……」——洛克斐勒

「由摩根先生經營的美國鋼鐵公司，跟由政府經營的鋼鐵部有什麼差別？」

意思是，你一旦投資了大型煉鋼廠，就必須賣出**很多**便宜鋼鐵才能支撐。你不能仰賴自由市場提供你原料並運送成品——任何干擾都**會花錢**。

因為**控制**了供應商、貨運商等等，大企業確保了**生產順利**。在十九世紀末，匹茲堡的鋼廠是全天候營運的。

所以經濟有人管理——但不是為了社會公益。

「我並不欠民眾什麼。」

掌管經濟可能很有賺頭。鐵路大亨柯奈流士·范德比爾特1877年去世留下一億美元之後；約翰·洛克斐勒成為全世界第一個**十億富豪**。（相較之下，1888年麻州的稅收只有七百萬美元。）

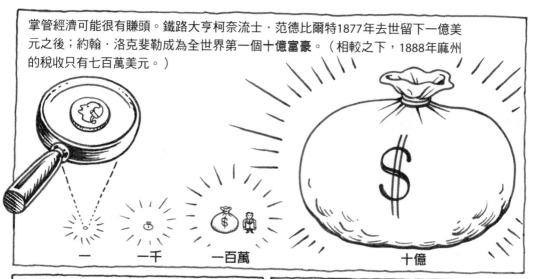

一　　　一千　　　一百萬　　　　　　　十億

賺這麼多錢實在難以想像。如果你努力工作，拚命節省，每年在床墊下藏十萬美元，那麼你在西元12000年之後才會有十億元。

還要有很大的床墊！

這麼多根本花不完。這些錢的繼承人，即使是白癡或酒鬼，永遠富有，只因為這麼多錢不可能揮霍殆盡。

政治權力也跟**經濟強權**聯手。政府用關稅協助富人阻擋競爭的舶來商品；移民政策讓更多勞工進來；土地政策讓採礦、伐木與畜牧業幾乎不費分文使用公有地（至今亦然）；還用外交政策把美國利益推向海外。

我們的「利益」是什麼？

我們的生意！

強盜貴族

所以這個稱作**強盜貴族**的小集團擁有龐大的財富和權力，兩者都可傳給繼承人。這正是統治階級的定義。

這是黃金時代！

馬克·吐溫
（1836－1910）
美國作家

只是鍍金時代罷了！

但是財富集中的缺點就是**貧窮**。

救命！

哈！說得好！

流行藉口：**社會達爾文主義**，衍生自查爾斯·達爾文1859年發表的**進化論**。

自然法則是物競天擇適者生存。人類之中，最有錢的顯然是最適者。窮人無法適應環境！

拜託，先生，我好餓……

你的問題是你屬於

大自然的失敗實驗！

這是達爾文被污名化的理由之一，尤其在農業地帶。

我的財富跟你的貧窮都是天擇的結果！達爾文證明過了！

去你的達爾文！

蛤？傑佛遜時代繁榮獨立的農民淪為貧民？到底怎麼回事？

在農場上

公地放領法案（1862）開放了西部供定居，農民蜂擁而至。
他們的人生應該很好過；科技終於來到了農場。

但是太多農民移居得太快，糧食很快就**過剩**了。

呃，糧食的需求是相對**缺乏彈性**的：價格改變時需求改變不大。再昂貴我們都需要，便宜時也沒辦法吃太多。

我們可以把**非彈性需求**描繪成幾乎垂直的需求曲線。

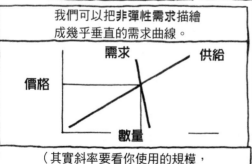

（其實斜率要看你使用的規模，但是這麼想像大致沒錯。）

當這些農場增加了糧食供給，價格就走跌。

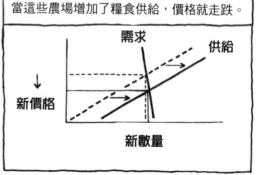

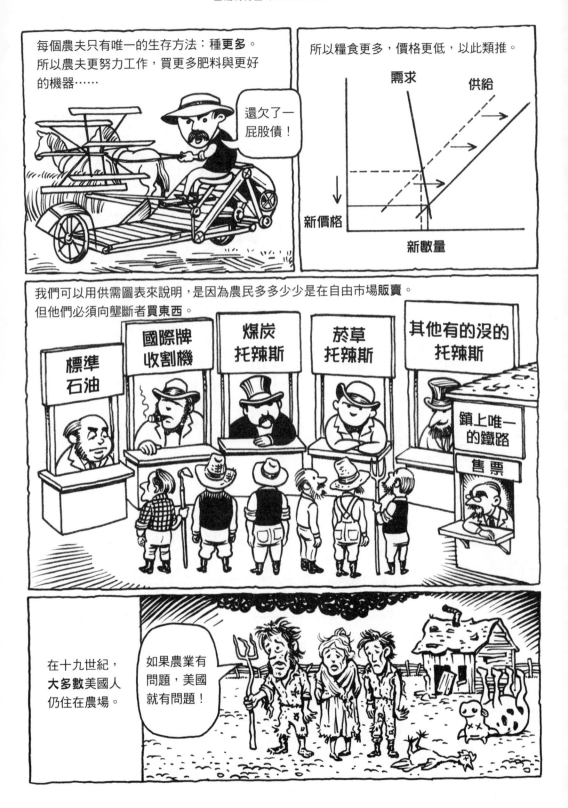

每個農夫只有唯一的生存方法：種**更多**。
所以農夫更努力工作，買更多肥料與更好
的機器……

還欠了一
屁股債！

所以糧食更多，價格更低，以此類推。

需求　　供給

新價格

新數量

我們可以用供需圖表來說明，是因為農民多多少少是在自由市場販賣。
但他們必須向壟斷者買東西。

標準
石油

國際牌
收割機

煤炭
托辣斯

菸草
托辣斯

其他有的沒的
托辣斯

鎮上唯一
的鐵路

售票

在十九世紀，
大多數美國人
仍住在農場。

如果農業有
問題，美國
就有問題！

工作問題

農業不振，好土地又多半已被佔走，工人失去了他們最大的籌碼。

不加薪我就去種田！

哼，才怪。

他們的議價立場隨著蒸汽船載來的大量新勞工更加惡化。

他們比較便宜，不會聊天，又不能投票！

大企業控制他們的**勞力**供給就像控制其他供應商一樣。在81頁，我們看到匹茲堡鋼廠是全年無休的。意思是，只有**兩班制**——工人每天要工作12小時，沒有假日。

工人有時毆打移民。

比較理性的，他們籌組**工會**。這是真正的戰鬥；老闆會雇用私人軍隊破壞罷工……

「我可以雇用一半的勞動階級去殺掉另一半。」——傑·古德（1836-1892），鐵路大亨

如果無效，就用**真**的軍隊。

農業不振，勞工也痛苦——人民開始發現美國有個問題。

看吧？看吧？

哎呀！

華爾街 vs. 人民

怎麼辦？人民嘗試修改州法律體系，但在 1886 年，最高法院用離譜至極的釋憲文阻止了州政府管制。

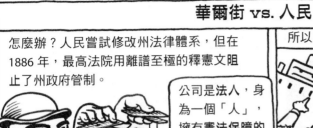

公司是**法人**，身為一個「人」，擁有憲法保障的賺錢權利。各州不能干涉！

撕

至今仍是教條。

所以只剩下：

修理他們！

蛤，我嗎？

1887 年，可以規範州際商務的國會成立了州際商務委員會想要馴服鐵路業。結果失敗。

看招！

1890 年，國會很努力，通過了《薛曼反托辣斯法案》。

哈哈哈哈

「陰謀妨礙貿易」是違法的！

但是法律沒派上用場——除了對付工會。

工會就是「陰謀妨礙貿易」！

監獄

你看不懂「**反托辣斯法案**」嗎？

問題的一部分在：總統實施了法律，但在十九世紀末期，總統權力**很弱**；總統除了**生悶氣**沒辦法做什麼。

「這不再是個民有民治民享的政府。這是由公司擁有、治理與享受的政府。」

魯瑟佛・海斯，共和黨，1877–1881 年在任。

「『公司』正快速變成人民的主人……共產主義充滿仇恨，是對和平與政府組織的威脅。但是結合財富與資本的共產主義，傲慢的貪婪與自私過度氾濫，暗中侵蝕了自由機構的公平正義，其危害不遜於壓迫、貧窮與奴役的共產主義。」

格洛佛・克里夫蘭，民主黨，1885–1889, 1893–1897 年在任。

情況在 1901 年有了改變，共和黨的西奧多・羅斯福就任總統。

進步人士

老羅斯福總統的計畫：

我支持**公平交易**。

聽起來無妨。

但是老羅斯福知道一般人民**無法**跟控制一切的富人公平交易，所以計畫的另一部分是：**大棍子**。老羅斯福拆散了一些托辣斯，保護公有地不被企業侵佔，管制鐵路的票價。

看招，「龐大財富的惡棍！」

結果實業家狠話說盡，其實很容易擺佈。

我們只需要政治意志去做！

老羅斯福是適當人選，但他的任期（1901–1909）也是完美時機。人民振奮起來，部分要歸功於調查記者，俗稱**扒糞者**。

噁。

例如，老羅斯福的朋友，攝影記者雅各・里斯（1849-1914），調查了紐約的貧民窟，發現貧民窟房東通常相當有錢，輕易負擔得起房屋維護費。其實，貧民窟居民**房租很貴**，足以另尋像樣的住所。

現在是這樣，一百年後也是這樣！

貧民窟可以由地方政府用建築法規之類的方法處理；糟糕的工作環境也是。

1911年，紐約市的三角成衣工廠大火造成 146 名工人喪生，大多是**被鎖在工廠**的婦女和女童。這起悲劇引發了全國各地的改革。

但有些問題不是地域性的。維吉尼亞人可能吃了在德拉瓦州註冊、辦公室在紐約、員工住在康乃狄克的公司，在堪薩斯飼養、在伊利諾裝罐的污染牛肉而死。

所以當扒糞者厄普頓·辛克萊1906年的小說《屠場》出版，詳述大型肉品包裝公司如何運作……

純牛肉

老羅斯福總統以「純淨食品與藥物法案」（1906）回應。

牛肉少放一點老鼠！

老羅斯福是新型的**自由派**。自由派重視個人**自由**，所以永遠要保持政府**弱**小。但二十世紀自由派給了政府較多權力。

我們需要公權力制衡私人權力！

老羅斯福的繼任者威廉・霍華・塔夫特在1909年就任總統。他繼續向托辣斯施壓。托辣斯的祖師爺,標準石油,在1911年被拆散。我們看看碎片就知道它有多大。

但是拆散托辣斯的效果沒有廣告說的那麼好;幾家大公司寡佔運作的產業跟直接壟斷沒什麼不同。以下是2011年的寡佔例子:

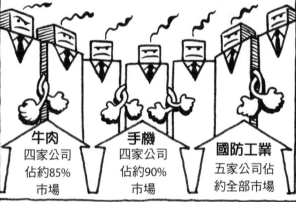

牛肉
四家公司佔約85%市場

手機
四家公司佔約90%市場

國防工業
五家公司佔約全部市場

拆散托辣斯也沒有打破J. P. 摩根的權力。在1912年,摩根仍然掌控價值220億美元的公司,足以買下密西西比河以西的一切。

1912年,老羅斯福以短命的第三黨「進步黨」身分競選總統。以下是進步黨1912年政見的台詞:

「檯面上的政府背後還有個更高的隱形政府,不效忠人民也不負任何責任。摧毀這個隱形政府,打破腐敗企業與腐敗政客的邪惡同盟,乃是第一要務……」

老羅斯福與塔夫特分散了共和黨選票,民主黨漁翁得利,伍德羅・威爾遜(1856-1924)當選。

威爾遜總統沒有用棍子打任何人，但他也是個進步人士。他的任內（1913-1921）實施了：

所得稅（1913），從高所得的1%到極高所得的7%。

7%？太過分了！

克雷頓反托辣斯法案（1914），可以預防壟斷者與寡佔者形成（防微杜漸比較容易）。

還有聯邦儲備體系（1913），從1830年代之後第一個官方的中央銀行。

中央銀行就是規範各銀行並控制貨幣供給的實體。聯準會有一部分作用是用來**取代** J. P. 摩根的角色，它是美國的**非正式**中央銀行。

克里夫蘭總統請求摩根釋出黃金，1895年。

附帶一提，摩根死於1913年，遺囑發給所有員工**一年份**的薪水。他從來不享用他控制的幾十億財富；他的遺產只有6800萬美元。或者如同安德魯‧卡內基所說：

「想想看，他其實不算有錢人。」

接著來到了驕傲的**1914年**。

1865	1867	1869	1873	1879	1886	1890	1893	1901	1906	1907	1911	1912	1913	1914

《資本論》出版

1873年恐慌

1886年恐慌

1893年恐慌（很慘）

純淨食品與藥物法案

威爾遜當選

克雷頓法案

內戰結束

標準石油稱霸業界

《經濟學原理》出版

標準石油拆散

跨州鐵路完工

摩根開始籌組托辣斯

老羅斯福上任

1907年恐慌

聯邦儲備與所得稅

全球經濟

到了1914年，工業革命改變了整個西方世界。

還記得以前電報就是大事嗎？

西方帝國擴張到全球，掠奪資源與市場。

那是啥？

日本脫離了西方控制，或許因為它沒什麼可搶的天然資源。相反地，日本進行工業化，進口原料出口產品，打造出它自己的帝國。

我們唯一的資源就是我們的人民。

大英帝國稱霸世界。這是英國經濟學家威廉·史坦利·傑文斯在十九世紀末說的：

「北美和俄國的平原是我們的田地；芝加哥和敖德薩是我們的糧倉；加拿大和波羅的海是我們的木材森林；澳洲有我們的羊毛牧場，阿根廷與北美的西部草原是我們的牧牛場；秘魯產白銀；南非與澳洲的黃金流向倫敦；印度與中國人幫我們種茶，我們的咖啡、糖和香料都在東印度群島。西班牙和法國是我們的葡萄園，地中海則是我們的果園……」

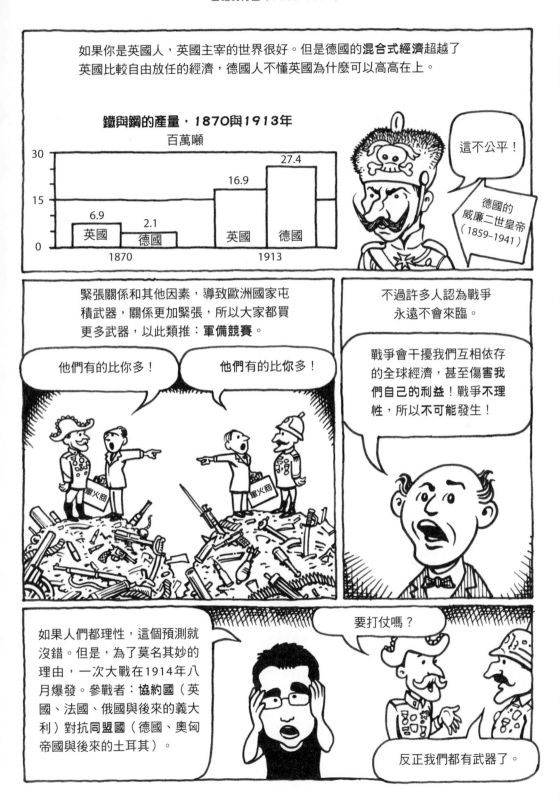

如果你是英國人，英國主宰的世界很好。但是德國的**混合式經濟**超越了英國比較自由放任的經濟，德國人不懂英國為什麼可以高高在上。

鐵與鋼的產量，1870與1913年
百萬噸

這不公平！

德國的威廉二世皇帝（1859~1941）

緊張關係和其他因素，導致歐洲國家屯積武器，關係更加緊張，所以大家都買更多武器，以此類推：**軍備競賽**。

他們有的比你多！

他們有的比你多！

不過許多人認為戰爭永遠不會來臨。

戰爭會干擾我們互相依存的全球經濟，甚至傷害我們自己的**利益**！戰爭不理性，所以**不可能**發生！

如果人們都理性，這個預測就沒錯。但是，為了莫名其妙的理由，一次大戰在1914年八月爆發。參戰者：**協約國**（英國、法國、俄國與後來的義大利）對抗**同盟國**（德國、奧匈帝國與後來的土耳其）。

要打仗嗎？

反正我們都有武器了。

我們捲入了一團混亂中，錯誤地操作一部精密的
機器，卻不了解其運作原理。

──約翰‧梅納‧凱恩斯（1930）

經濟崩潰

（1914-1945）

戰時的經濟

工業化的戰爭不只需要人力；發動一次大戰需要空前大量的子彈、彈殼、糧食、槍砲、卡車、衣物、飛機、煤炭、汽油、原油、坦克，沒完沒了。

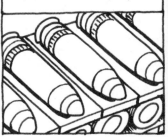

雙方都必須榨出人民的每一滴勞力在國內製造軍需品。也就是**戰時經濟**。

戰時經濟是**計畫式經濟**：政府**配置資源，決定要製作什麼，配給**日用品。

有幫助就好！

妳搬去格拉斯哥到船塢工作。

戰時經濟有需要——或自認有需要——保持平民工人的熱心。
在一次大戰中，各國政府學會了**新聞審查、宣傳**與**壓迫**的方法。

保持愉快

不要洩密

不要刺探

最好什麼都不要談

每日鏡報
更多光榮的勝利！

直接攻擊敵人的經濟似乎也很合理。一次大戰見證了史上第一次**戰略轟炸**。

總比「隨機轟炸平民」好聽一點。

較古老但更有效的傷害敵人經濟的方法：**封鎖**。德國潛艇騷擾協約國貿易，而協約國海軍**完全封鎖**了同盟國。

美國是中立的，但是同盟國被封鎖，美國只跟協約國貿易，他們為了戰爭物資什麼價格都願意付⋯⋯

但是要從美國銀行借錢。

於是：

我們**必須**援助協約國！

如果他們輸了，誰付我們錢？

然後在1917年初，俄國人推翻了沙皇，但繼續參戰。

民主萬歲！

這下協約國全部都是**民主國家**，而同盟國不是。威爾遜總統願意支持這樣的戰爭。

「必須保護世界上民主國家的安全！」

隨便啦！

俄國的民主並不長久；1917年末，我們之前在64頁看到的列寧，掌握大權（並且退出一次大戰）。

但是對同盟國而言太遲了。他們又餓又累，在1918年底投降。

你贏了。

是啊。

一次大戰留下了問題叢生的世界；懲罰性的〈凡爾賽和約〉（1919）更是雪上加霜。

你們德國人必須賠償我們所有戰爭費用。

你開玩笑吧。

沒有。

在《和平的經濟後果》（1919）書中，年輕的英國經濟學家約翰・梅納・凱恩斯（1883–1946）嘗試解釋德國唯有出口商品才賺得到錢，但是協約國也重創了德國的出口。

他們怎麼賠？

那是他們的問題。

協約國的錢大多數沒拿到，但他們並不是沒努力過。他們擬出一個接一個計畫讓德國付錢。照其中一個計畫，德國必須賠償到1988年。

道斯計畫　楊格計畫　鬼扯計畫

法國和英國無法豁免德國的債務，因為美國不肯豁免他們的債。

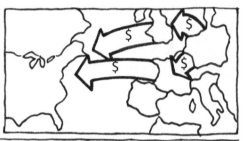

德國想要多印些鈔票應付，越印越多。這些錢造成了**通貨膨脹**（這麼稱呼是因為當貨幣失去價值，價格會膨脹）。

遲早人們會對貨幣失去信心，沒有信心，錢就是廢紙。

現金不值得存，也不值得偷。

德國在1923年底終於醒悟，**放棄**了它的貨幣，改發新貨幣，而且**沒有**印太多。

大計畫

一次大戰的另一個後果：人們發現工業化經濟受到**引導**時不可思議的**力量**。

> 還記得我們都遵照**計畫**時的成就嗎？

> 堆積如山的屍體？

> 呃，對，但是如果這些努力用在好的方面，像是醫院或學校呢？

但是在民主國家，沒打仗的時候很難要求人民合作。

> 你搬去羅馬到孤兒院工作。

> 休想。

1922年掌握義大利的前社會主義者班尼托‧墨索里尼有個辦法：消滅民主。

「一切屬於國家，沒有例外，不准反抗國家！」

墨索里尼把他的對策，算是永久性的戰時經濟，稱作**法西斯主義**。

唯一崇高領袖

結合大企業

如同戰時的壓迫

宣傳與審查

給點福利讓人民高興

醫院

對弱國發動輕鬆戰爭

如今我們認為墨索里尼是笨蛋，但在當年他顯得現代化又有衝勁。
1920年代許多國家都出現獨裁者。而且不只是資本主義國家。

紅軍：俄國革命與蘇維埃國家

回到俄國：列寧在98頁掌權。但是革命**之後**應該發生什麼事？

《資本論》

找不到！

恩格斯說過**國家**在共產主義之下會**萎縮**，但是列寧喜歡權力，反正他也無法鬆懈，因為半個俄國在全世界協助之下，正想要除掉他（**俄國內戰**）。

所以俄國式「共產主義」的意義變成**戰時經濟**，加上打壓異議……

英國人和美國人

其他俄國人

波蘭人

其他俄國人

而且政府控制一切。

看在人民的份上！你不知道在打仗嗎？

等到共產黨獲勝，只剩下一個飢餓憤怒的國家。

捷克人（!）

我們每個月收穫越來越少。好像人民如果知道我們會拿走，就不肯生產東西！

真奇怪。

1921年列寧做了革命家罕見的事：他**放手**，讓小企業經營不受太多干預，也讓農民保留自己的收穫出售。

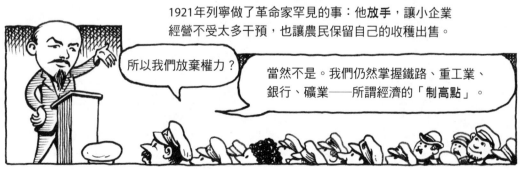

所以我們放棄權力？

當然不是。我們仍然掌握鐵路、重工業、銀行、礦業——所謂經濟的「**制高點**」。

列寧的「新經濟政策」是混合式經濟，而且很有效。蘇維埃社會主義共和國聯邦（新的國號）站穩了腳步。

便宜麵包

到了1924年，列寧去世。

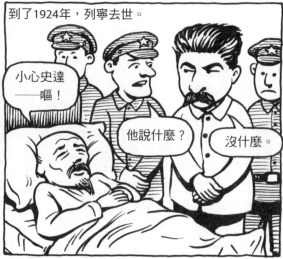

小心史達——嘔！

他說什麼？

沒什麼。

好幾位高階黨員想要繼承列寧；最後高階黨工約瑟夫·史達林（1878-1953）勝出。

我們晚點再回來看史達林；現在，我們只需知道光是共產國家的生存就啟發了全世界的人民……

也把全世界的其他人嚇得半死。

華爾街的復仇

在美國，一次大戰後的**赤化**恐慌助長了新的保守心態，所以1920年總統大選由華倫·哈定獲勝。哈定是共和黨，但他不像老羅斯福。

「我不適合這個職位，也不應該在這裡。」

財政部

真的！

哈定1923年死在任內。他的副總統與繼任者喀爾文·柯立芝並不比哈定適任總統，但他沒說出來。

其實，「沉默喀爾」很少說話，也沒幹什麼事。銀行家安德魯·梅隆（76頁）當時擔任財政部長，主導政局。人們都說「有三任總統在梅隆底下服務」。

ZZZZZ

梅隆的計畫：把國庫的錢搬到他自己和朋友的口袋裡。

給你減稅！

再減稅！

已經繳的稅金退回！

柯立芝總統根本沒打算阻止貪腐，但他的懶惰看起來像是**繁榮**時期的智慧。

動盪的二〇年代

繁榮的原因之一：許多科技已經普及化。

這是新時代！

繁榮永遠不會結束！

例如，**汽車發明**幾十年了，但屬於奢侈品。然後出現了**亨利·福特**（1863-1947），充滿怪點子的怪人，例如：

人人有車開！

1908年，福特打造了可靠的T型車，只賣850美元左右。訂單蜂擁而至；為了趕上，工廠變得越來越有效率，最後成了**裝配線**。

裝配線的工作相當單調；曾經每個月有半數工人辭職。然後福特又有了怪點子：

給工人加薪！

1914年，福特開始支付每天八小時工資**五美元**。

這是「經濟犯罪」！
——《華爾街日報》

當時鋼鐵工人十二小時工資只有一塊錢。

那不是經濟犯罪嗎？

是供需原則！

福特每天付五美元不只是慷慨或古怪，而是把工人留在裝配線上，這非常有效，使得**每輛車**平均成本降低。福特不把價差放進私囊，反而**降價**。最後Ｔ型車售價不到300美元。

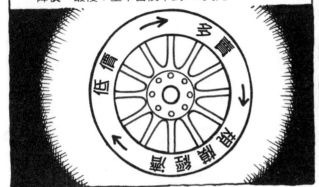

福特的怪點子也可能是餿主意，例如每年都做同樣的**1908年款**。連顏色都沒得選。

「任何顧客可以把車子漆成他們想要的任何顏色，只要是黑色。」

有些福特的對手合併成通用汽車公司（GM）。他們保留不同的車款，給買家**選擇**，從雪佛蘭到高貴的凱迪拉克。

雪佛蘭

凱迪拉克

GM不斷改良它的車款，讓福特的Ｔ型車（與後來的Ａ型車）落伍。當福特（公司）陷入困境，福特（本人）竟用流氓管理工人並且散播陰謀論。

外國猶太人！外來移民！

但是，到了1920年代末期，**半數**美國家庭擁有汽車，亨利·福特功不可沒。

工人開汽車？

接著是什麼？遊艇嗎？

企業統治

商業領袖得到了繁榮的功勞，
受到民眾空前的喜愛。

突來的喜愛並非全然巧合。公司精通了戰時風格的宣傳（重新命名為「公共關係」，比較好聽）。

麵包日報

相信商人！

大量掌聲掩蓋了一些殘酷的現實：

一戰債務的重擔
對全球經濟造成重壓。

如果你豁免協約國的債務，他們會豁免德國的債。你可以避免另一場戰爭！

不行。「他們借了錢，不是嗎？」

農民幾乎活不下去……

工資**停滯**，甚至讓民眾無法擁有他們的家用品和汽車。很多是用消費者**信用貸款**買的，這是1920年代的另一項創新。

要買洗衣機嗎？

我們買不起。

當然可以！你可以賒帳！

於是工人買了他們製造的東西，但必須借錢。

這些錢原本應該是我們的**工資**！

但這些都被掩蓋了，不像公開又快樂的股市**道瓊指數**。

當然，道瓊並不代表經濟；它只是三十家大型公司的平均股價。

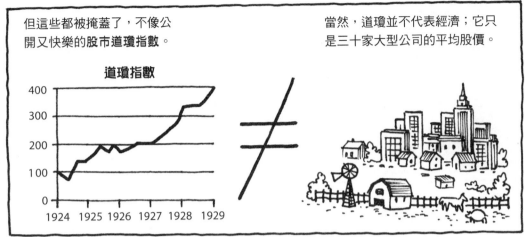

但在1920年代，沒人報導**國內生產毛額**（141頁）或其他宏觀經濟數據。道瓊指**數就是**經濟指標，而且數字很迷人。

為了理解發生什麼事，我們來看看所謂的**泡沫**。

人們**因為**價格上漲而買東西。

購買行為推動價格上漲。

泡沫很難用供需圖表發現，因為沒有**平衡點**：高價格刺激需求，需求又抬高價格，如此不斷循環。

付這麼誇張的價格或許顯得愚蠢，但也可能是**理性**買進的，只要你預期能找到**更大的傻瓜**脫手，然後……

泡沫破裂。

誰出35元？我昨天花40元買的！

30元！

20元！

5元！

2.99元！

1920年代末期，股票價格就是泡沫。老摩根或許會插手冷卻一下氣氛，但他已經去世了。

小摩根，就像同世代的許多人，繼承了龐大的財富和權力，但在其他方面相當平庸。

共和黨趁著歡樂氣氛在1928年的總統大選再次獲勝；柯立芝早已醒悟，讓賢給賀伯特·胡佛。

1929年底，股票市場急挫。更糟的是，很多投資人**借錢**買股票。所以股價下跌時：

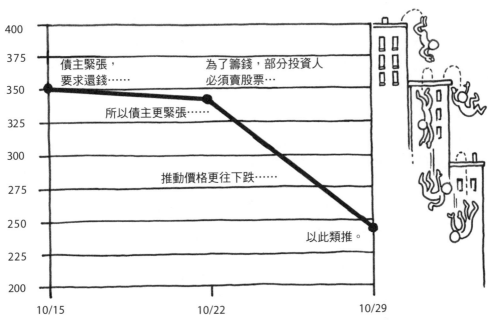

起初人們並不擔心。

聽說華爾街賠慘了！

他們活該！

但是緊張的債主
不肯作新的貸款。

銀行

走開！

許多農場與企業依賴
貸款；沒有新貸款，
他們無法還舊債。

我們的積蓄呢？

沒了。

銀行

倒閉

於是史上最慘烈的
衰退開始了。

大蕭條

道瓊指數

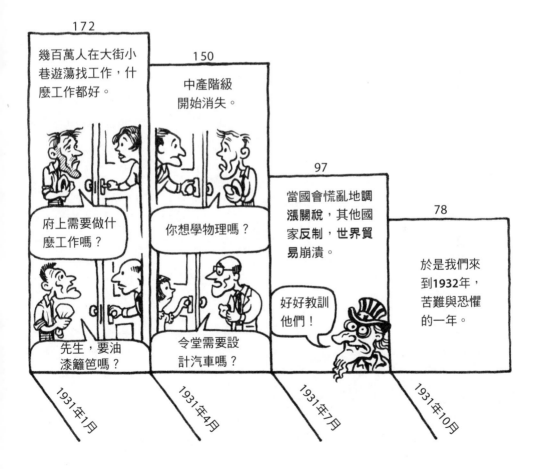

1932年，失業率高達25%。

「當越來越多人失去工作，結果就是失業率。」

前總統柯立芝，顯示他為什麼還是閉嘴比較好。

慈善資源耗盡，反正，驕傲的工人經常自殺也不願意乞討（利他的自殺）。

不想拖累鄰居

流通的錢太少，價格下降（我們在99頁看到的通膨的相反），但是比較常發生在某些產品。農民燒掉穀物取暖，因為不值得販賣……

所以礦工沒飯吃！

實業家通常**減少產量**而非價格，因為他們無法削減成本，尤其是工資。

加$

加薪

開除人比讓他們接受減薪還容易，或許感覺很怪，但真的是這樣。

無論工人被開除或減薪，消費者的錢變少了，因為大多數消費者就是工人。

破產大拍賣

胡佛總統印了一些錢，但財政部長梅隆只把錢給**銀行**，包括他自己的銀行。銀行**死抱著**錢不放。

1932年十一月，選民拋棄胡佛改選民主黨的富蘭克林·迪拉諾·羅斯福（1882-1945；老羅斯福的遠親）。

我不是胡佛！

那就好。

但是小羅斯福直到1933年三月才肯就職。同時，市場氣氛更加惡化。

就業服務部

小摩根好幾年沒繳過半毛錢稅金了！

梅隆叫財政部員工在上班時間幫他找稅法漏洞！

梅隆還叫我們要守道德？

一切開始崩潰。農民跟勞工佔領城鎮；俄亥俄州戴頓市的公民計畫獨立為自給自足的城邦。

我先說我要當貴族！

我要當貴族！

「如果這個國家需要墨索里尼，時機就是現在！」
——賓州參議員大衛・里德。

「國家正在混亂邊緣！」
——胡佛

一週內囤積者把15%現金抽離流動循環⋯⋯

等到賀伯特・胡佛卸任時，全國三分之一的銀行已經倒閉。

銀行

釣魚去

百日革新

小羅斯福在1933年3月4日作了**振奮人心的**就職演說。

「由於自己的固執與無能，以物易物的人類領袖都失敗了……他們沒有遠見，只要沒有遠見，人類就會滅亡。兌錢者從我們文明的神壇上逃離。現在我們或許可以依照古代的真理重建聖殿。」

重點是：

「我們該恐懼的只有恐懼本身。」

在他任期的頭一百天，小羅斯福勇敢地嘗試一切，阻止了迫切的危機。

關閉所有銀行！

重新開放銀行！

發錢給失業民眾！

控制華爾街！

讓美元脫離金本位！

印二十億現金由銀行資產擔保！

「由銀行資產擔保」是什麼意思？

誰在乎？

然後，藉著嘗試錯誤，永久性計畫誕生了。

新政

經過一些錯誤的起步，小羅斯福的計畫——新政——主旨是讓民營企業多多少少自由經營，但有些**新設機構**來對應可預期的**問題**。

問題之一：通常民營企業似乎無法提供工作給每個想找工作的人。

工作促進部、公共工程管理局和**公民保育團**提供職缺給失業者，同時建造橋樑、隧道、公園和森林之類有用的東西。

如果沒工作，**失業保險**確保民眾被裁員之後仍有一陣子的收入。

民營企業不需要無法工作的勞工。

社會安全局提供老年退休金與殘障保險。

社會安全局也主管眷屬福利與失業保險，但是當民眾提到「社會安全」，通常指的是老年退休金。

在自由市場，**農產品價格**的劇烈波動讓農民很難做生意。

農業調節管理局在豐收時買進糧食，歉收時賣出，保持食物價格穩定。

民營企業的另一個問題：
金融的重點是把紙上儲蓄轉為實體的投資。

施工中

但是實體投資回收很慢，而**投機**提供立即的巨大獲利。投機可能**吸走**實體投資的資金。

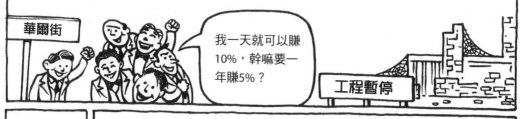

華爾街

我一天就可以賺10%，幹嘛要一年賺5%？

工程暫停

所以新政也**規範**金融。

例如，**聯邦存款保險公司**保障銀行讓存款人在銀行倒閉時可以拿回存款。條件是，銀行必須謹慎投資。

不只是投機，**擺明的詐騙**在1920到1930年代是個大問題。例如，**商業銀行**——我們在50頁看到的那種——收了存款，把錢拿去投資，自己暗槓獲利。

投資銀行連繫買家與證券發行者——股票，債券（在預定時間必須償還的借據），諸如此類。

在1930年代，投資銀行和商業銀行經常**混淆不分**。大蕭條時期，銀行可能把它們自己的爛投資丟給投資銀行的客戶。

秘魯快要違約了。我們買的債券會變壁紙。

你知道你需要什麼嗎？秘魯債券！

格拉斯-史提格法案（1933）**劃分**了投資銀行和商業銀行，完全消滅了這種誘惑。

投資銀行

一般銀行

就我所知，這是應該如何進行規範的絕佳案例：不是用大批督察員執行複雜的法規，而是用簡單規則讓**私人誘因**與**公益**達成一致。

還有很多其他針對華爾街的法規，**由證券交易委員會**主導。第一任的主委是約瑟夫・甘迺迪，1920年代的金融大亨之一。

不過他是華爾街老狐狸耶！

沒錯！什麼花招他都知道！

結果：金融變得**安定**。接下來的四十多年，沒有重大泡沫，沒有大崩潰，銀行家們都遵守「3-6-3」規則。

我們收3%利率的存款，以6%借出去，在下午三點打高爾夫球！

新政創造了一大堆字母簡寫的計畫，全都需要資金。大蕭條傷害的就是**稅收**。小羅斯福改向任何願意買政府公債的人**借錢**。

這樣的**赤字支出**讓正統經濟學家們瘋掉了。

你必須等到稅金收進來才能花掉！

如果我們現在不花錢，外面就不會有錢可以課稅！

當小羅斯福在1934年讓美元回歸金本位，經濟學家們更加抓狂，因為他禁止人們擁有黃金，除了珠寶飾品以外。所以人們可以用紙鈔換黃金，但他們不能持有黃金。

那是什麼意思？

這樣的規定算是真正的金本位嗎？有一點是確定的：小羅斯福願意嘗試在標準經濟學中毫無道理的事情。

如果實務上有用，誰在乎它理論上是否講得通？

在某方面，小羅斯福嚴守自由放任；他不肯讓富人利用軍隊，無論是要脅迫拉丁美洲國家或是打擊工會。

我要玩我的小兵兵啦！

勞工的痛苦

看來大蕭條似乎會對工會不利，因為工人都很慘。

但是大蕭條其實讓許多工人走向偏激。

老闆們不知道自己在幹什麼！

關閉

極端戰術之一：**靜坐罷工**。罷工者不是留在職場以外，指望別的工人不要搶走他們的工作……

拜託　團結　合作

而是佔領工廠。

1936年工人們在通用汽車各大工廠靜坐；他們擊退了警察，小羅斯福不肯出動軍隊。

你試過談判嗎？

共匪！

通用汽車讓步了；工人組成了龐大的全美汽車工人聯合會，替他們爭取到了好薪資和工時，宛如開啟了水閘。其餘大型產業很快也工會化，直到最後**每天工作八小時**——從1870年代以來勞方的目標——終於成為常態；1938年規定**加班費**的法律使其法制化。

第二次蕭條

1936年經濟出現起色，小羅斯福輕鬆贏得連任。

「我們早就知道漫不經心的自利是缺德；現在我們知道對經濟也不利。」

「長期而言，遵守經濟道德會有回報。」

小羅斯福從不喜歡赤字支出，所以他削減預算。

政府不給工作了？

民間企業會雇用你！情況會恢復正常！

企業並沒有補足差額；結果造成第二次蕭條，或稱二次衰退。

湯

這樣道德嗎？

好像是。

麵包

直到1939年，官方失業率還有17%。聽起來比實際上更糟糕——在工作促進部和公民保育團工作的人因為某種緣故被算成「失業」——總之，新政雖然緩和了大蕭條，卻一直沒有解決它。

往好處看，有人已想出了解決之道。

回歸現實：凱恩斯和《一般理論》

這個人就是凱恩斯，我們在99頁見過他。凱恩斯的主要觀念很簡單：衰退的時候，消費下降，所以解決衰退的辦法是：

多花錢！

那是個老套的常識概念。但大多數經濟學家忽略了。

只有**呆子**才會說出這麼……這麼……

明顯的事情。

我們已經知道怎麼應付衰退了。**袖手旁觀！**

等待經濟自我修正！

蘋果 5分錢

證據在此。當消費下滑，沒花掉的貨幣被儲蓄起來，所以可借貸資金的供給上升。

供給增加，貸款的價格——利率——就下跌。

低利導致更多投資：如果你有年報酬率5%的投資，你**不會**借7%利息的錢來投資，但若利息在3%**就會**。所以減少消費就是增加儲蓄，導致投資增加，這就是另一種形式的消費。然後消費回復，衰退結束！

這個邏輯說服了很多人，但是大多數人不懂。

可是蕭條**沒有**結束啊……

當然會！快了！

但是凱恩斯從艾佛烈‧馬歇爾本人學的是正統派，然後把它**推翻**。在《就業、利息與貨幣的一般理論》（1936）書中，凱恩斯用經濟學家自己的語言說明了為何我們剛看到的「證據」是錯的。

很長！有方程式！有些部分還是火星文！

喔喔……

問題在你們的邏輯：你可以在**黑板**上孤立經濟的一部分，但在真實世界不行。

記住，供需圖表唯有你**假設圖中沒顯示**的一切變數——偏好、收入等等——保持不變才有用。

但在真實世界，某人的消費就是另一人的收入。

是嗎？所以呢？

蘋果 5分錢

所以當消費下降，**收入**也下降。人們收入**減少**怎麼增加儲蓄？

我沒錢可存！

況且，沒人**花錢**時誰要**投資**？

利率降了！我們借錢來擴充工廠吧！

擴充？我們打算關掉。

華爾街日報

那事實究竟是怎樣？

我們是**活人**，不是計算機！我們有信心時就會消費與投資，我們擔心時就會抱緊我們的現金。

所以，景氣好的時候：

大家有信心

他們花錢又投資

他們收入增加

繁榮！

如果消費被干擾——銀行恐慌、股市崩盤，或人們決定多存點錢——就會產生**流動性陷阱**。流動性基本上是指現金。在流動性陷阱中沒人**拿得到**錢，因為大家都**想要**現金。

減少消費

人們抱緊自己的現金

收入降低

衰退

在凱恩斯之前，經濟學家們認為消失的錢會導致價格降低與新平衡點。對凱恩斯而言，消失的錢導致更多錢消失，比價格調整能力更快。價格有僵固性——傾向維持不變，因為企業無法輕易削減成本，例如工資。

這一切表示衰退**可能**隨時翻轉，但是沒理由**必須**翻轉。

長期而言所有衰退都會翻轉。

所以呢？「長期而言我們都死了。」

凱恩斯的觀念很可信；更重要的，據此推出的**政策**通過了考驗。

政策？

但是政策就是政府。

沒錯。

凱恩斯說政府可以做跟民眾相反的事情，來緩和景氣循環。

政府應該做瘋狂的事！

在衰退中，凱恩斯說用赤字支出來刺激經濟。

在繁榮中，多抽稅少支出，充實國庫並且壓抑1920年代那種瘋狂。

這個想法對大多數經濟學家很陌生，但小羅斯福已經在赤字支出了。

因為我不甩經濟學家！

那為什麼蕭條沒有結束？

早該這麼做了！

凱恩斯的答案：小羅斯福花得不夠多。凱恩斯建議用完全就業赤字，花錢多到即使每個人都有工作而且繳稅還會出現赤字。即使浪費支出也比什麼都不做好，因為工人和供應商會把他們賺來的錢花在有用的事物上。

如果有必要就蓋座金字塔！

但是很少人知道有個大支出計畫正在醞釀中：二次大戰。

蛤？

解體的世界

二次大戰有很多原因；全球蕭條是一大因素。艱苦的時代不僅會改變利率和就業數字；還會把人**逼瘋**。

1930年代，貿易崩潰衝擊**日本**，他們幾乎什麼都要進口，更加辛苦。日本政府解體；失控的軍隊攻擊中國以取得資源。

但是掠奪的費用比直接購買更貴，收穫更少。而且日軍的殘暴引發了**國際禁運**。

這下我們需要更多資源了。

或許我們該攻打別人？

此外，日本從未完全征服中國。中國領袖蔣介石（1887–1975）撐住了，還有些毛澤東（1893–1976）領導的中國**共產黨員**倖存下來。

中國

中共被困在山區，遠離城市裡的工人。

這樣很難搞工人革命。

共產黨沒別的事做，就組織附近的**農民**。在中國鄉下唯一重要的資本就是**土地**，所以分享資本就是要分割土地，又稱**土地改革**。只要能克服了地主的反抗，既簡單又務實。

你還是跟以前一樣種田，但你可以留著收穫不用交給地主。

願他安息。

毛式土地改革跟卡爾·馬克思的想像完全不同。跟蘇聯發生的情況也不一樣……

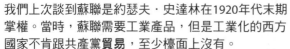

我們上次談到蘇聯是約瑟夫‧史達林在1920年代末期掌權。當時，蘇聯需要工業產品，但是工業化的西方國家不肯跟共產黨貿易，至少檯面上沒有。

如果你買不到某種東西，最好自己動手做。

我們要工業化！

美國根本不承認蘇聯，直到1933年。

史達林的計畫推翻了列寧的「新經濟政策」（102頁）。國家掌管整個經濟。在鄉下，農民失去他們的土地變成大型集體農場。

他們下週要拿走這頭牛。

或者，我們可以吃了牠。

嗯……

反抗的農民都被「清算」。

農夫　農婦

集體農場產量沒有舊私有時代那麼多，但史達林的工人還是得吃飯。

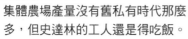

我們要吃什麼？

不是我的問題。

穀物

1932到1933年有幾百萬人在富庶的烏克蘭餓死。

史達林同志專用

不准碰

穀物　穀物

史達林的工業計畫比較順利，但是也有問題。

磚　煤炭　鋼鐵　糧食

當情況出錯，史達林不像列寧放手（101頁），而是企圖加強控制，導致更多問題，惡性循環。不久史達林就懷疑有人搞破壞。

他開始槍斃工程師，於事無補。

大家都反對我！

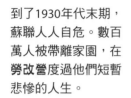

到了1930年代末期，蘇聯人人自危。數百萬人被帶離家園，在**勞改營**度過他們短暫悲慘的人生。

你為什麼被關進來？

沒人肯告訴我。

所以即使蘇聯不太受大蕭條影響，日子還是很難過。

你們為什麼**不合作**？

關於史達林的真相洩漏出來，但許多西方左派選擇忽視或找藉口。

「勞改營的聲譽很高……這些地方教化了好幾萬人。」
——安娜·路意絲·史壯，記者兼社運人士

「從資本家的世界進入蘇聯境內就像從死亡到重生。」
——約翰·史特拉奇，政客

一部分理由是：我們的大腦**無法接受**這麼大規模的罪行，史達林很清楚。

「死一個人是悲劇。」

「死一百萬人是統計數字。」

有個德國右派的瘋子，阿道夫·希特勒，也很清楚。

「人民比較願意相信**漫天大謊**而非小謊話。」

在大蕭條時期的德國，失業率高到難以忍受的**40%**，瘋子像在衰弱人體中的感染一樣盛行。

是資本家！

是猶太人！

是景氣循環吧？

希特勒和他的**國家社會主義黨**（簡稱**納粹**）在1933年初掌權。
納粹的政策確實有些社會主義的元素：

勞工福利（但不准組工會）。

醫院

度假團

公共工程計畫，尤其是公路。

有「人民的汽車」（福斯汽車）開在這些公路上。

但是國家主義優先。希特勒想要**報復**一次大戰的失敗，所以我們回來談：

二次大戰

戰爭在1939年開始，在1941年擴及全球：首先希特勒進攻蘇聯，部分原因是搶俄國的**石油**。

搞什麼？

然後日本攻擊美國，間接理由也是石油。

很合理。

呃，我們攻擊中國為了取得資源，但是引發了禁運，所以我們沒油了。最近的油田在荷屬東印度群島（印尼），但是攻打那裡會跟美國正面衝突，所以我們**先下手為強**。

讓美國準備好開戰要花不少工夫。

你怎麼了？

大蕭條啊！

新政呢？小羅斯福解釋：

~~PWA~~
WPA
~~NYA~~
~~CCC~~

「新政醫師」完工了；現在國家正接受「勝戰醫師」的治療。

勝戰醫師**喜歡**做大事。失業人士消失到工廠與軍隊裡，怠轉多年的美國經濟顯示出它的潛力。

德國在1945年初淪陷；不久後日本也投降了。

這是個所有往日忠告都顯得過時的時代。「湊合。」「不要借錢也別借錢給人。」「省小錢，賠大錢。」「別浪費，莫奢求。」「省一分錢就是賺一分錢。」「呆子保不住他的錢。」剛過二十世紀中點，看來彷彿我們所有的商業強權都致力要每個人做相反的事。借錢、花錢、購買、浪費、想要。

——《商業週刊》（1956）

第五章

槍砲與奶油

（1945-1966）

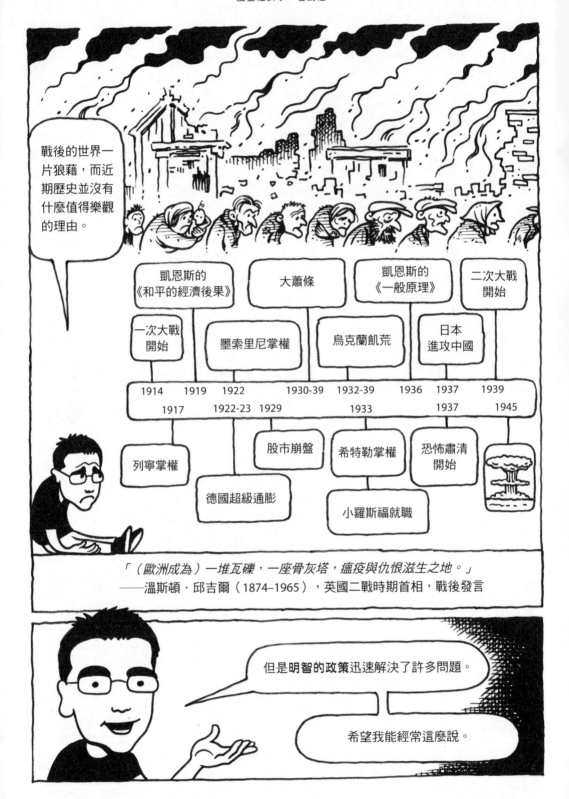

戰後的世界一片狼藉，而近期歷史並沒有什麼值得樂觀的理由。

凱恩斯的《和平的經濟後果》

大蕭條

凱恩斯的《一般原理》

二次大戰開始

一次大戰開始

墨索里尼掌權

烏克蘭飢荒

日本進攻中國

| 1914 | 1919 | 1922 | 1930-39 | 1932-39 | 1936 | 1937 | 1939 |
| 1917 | 1922-23 | 1929 | | 1933 | | 1937 | 1945 |

列寧掌權

股市崩盤

希特勒掌權

恐怖肅清開始

德國超級通膨

小羅斯福就職

「（歐洲成為）一堆瓦礫，一座骨灰塔，瘟疫與仇恨滋生之地。」
——溫斯頓・邱吉爾（1874–1965），英國二戰時期首相，戰後發言

但是明智的政策迅速解決了許多問題。

希望我能經常這麼說。

贏得和平

美國經濟非但沒有受創，
還因戰爭而茁壯。

美國商品必須送往全世界。
但是全世界該怎麼付錢呢？

哈利·杜魯門
（1884-1972），
1945年在小羅斯福
去世後繼任總統。

我們會給他們錢！

聞名的**馬歇爾計畫**（1947）送了幾十億美元
到西歐國家，不論先前是敵是友。

此外，馬歇爾計畫的錢可
以**花掉**，不只是送回來償
還戰爭債務，因為二次大
戰的債務比一次大戰少。
這要歸功於1941年的租賃
法案，小羅斯福創意思考
的另一個例子。

有了租賃法案，美國不是借錢給盟國買船艦、
飛機和卡車——而是直接把東西借給他們。

不需要「無聊愚蠢
的金錢符號！」

借據
5000
輛坦克
一邱吉爾

戰後：

要拿回你們的
舊坦克嗎？

算了。

所以價值將近500億美元的二次大戰「貸款」
並未留下太多債務。

美國也推動了**國際合作**。

聯合國（1945）是世界政府，但是如同大陸會議（57頁），它從來沒有徵稅權。

也就是沒有權力。

世界銀行（1944）貸款給重建計畫。

關稅暨貿易總協定（GATT；1947）是針對關稅和貿易達成一般協定的國際論壇。

降低關稅促進貿易！

世界銀行和GATT都是在**布列頓森林會議**（1944）談判出來的，同時也創造了**管制的貨幣供給**。美元可以兌換黃金（算是吧）。

所以我能用紙鈔換黃金？

黃金櫃台

不行！你還是不能持有黃金！

其他國家的貨幣都可以固定匯率兌換**美元**。

美元

英鎊　法郎　馬克　里拉　法郎

國際貨幣基金（IMF；1945）保留儲備金預防危機。

我們快沒美元了！

英格蘭銀行

這裡有！

IMF

如果問題更嚴重——例如，義大利印了太多里拉——（在協商後）匯率可以**改變**。

那是可變動的固定匯率。

你的口氣好像小羅斯福。

穩定的匯率鼓勵貿易：人們可以跨國締約不必擔心匯率會一夜劇變。舉世共通的**金本位**也有同樣的優點，但是實施金本位很難創造足夠的貨幣去促進成長。「布列頓森林體制」有足夠彈性允許成長又保持穩定。

兩全其美！

其實，彈性大到各國可以自由選擇自己的路線。

重大產業直接**國有化**

北歐

從搖籃到墳墓的**福利國家**

英國

國家**監管**經濟

西德

社會市場經濟——企業相對自由，但是都有健保，資金充足的教育，慷慨的失業福利……

法國

公司董事會裡還有工會代表！

義大利

混亂與高通膨，意外地表現不錯

大家都選擇**混合式經濟**！自由放任怎麼了？

笨蛋，那會導致蕭條和戰爭。

冷戰

我們剛看到美國的慷慨和參與，
但是排除了某人。

美國和蘇聯在二次大戰中結盟，但在戰後很快就翻臉。蘇聯在終戰時佔領的
國家成立史達林式傀儡政府，而美國在他們佔領的國家破壞共產黨活動。

國家公敵

人民公敵

在很短的時間內，美國
幾乎跟蘇聯開戰，只是
沒有真的戰鬥。

這是冷戰！

1947：杜魯門誓言美國要「圍
　　　堵」共產主義。
1948：蘇聯封鎖西柏林；美國
　　　以空投支援(！)直到蘇
　　　聯放棄。
1949：蘇聯做出原子彈。
1949：毛澤東的共產黨席捲中
　　　國，除了蔣介石死守的
　　　台灣。
1950：美國和共產中國在朝鮮
　　　開戰。

同時，在美國內部，人們繼續忙自己的事。

還有什麼
事可做？

商業旺得不得了。

長久的繁榮

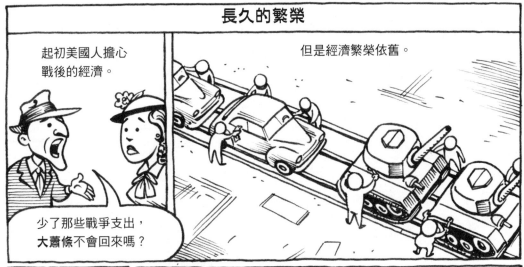

起初美國人擔心戰後的經濟。

少了那些戰爭支出，**大蕭條**不會回來嗎？

但是經濟繁榮依舊。

原因之一：戰時勞工在戰爭期間收入良好（因為政府說**必須如此**）。

這些薪資追逐有限供給的消費性產品，可能造成嚴重的**通膨**。

二十元！

四十！

九十！

但是巨大的政府官僚體系在戰時**管制物價**。

因而大致迫使人民儲蓄，在1945年達到不可思議的2300億美元（相形之下，1939年的**聯邦總預算**還不到100億美元）。戰後，人們開始花掉這些積蓄。

即使在第一波戰時儲蓄花掉之後，經濟仍繼續擴張，因為民眾有了**購買力**。

軍人權利法案（1944）
幫退伍軍人付大學學費。

看，打仗時我們得到了**經驗**，
現在用來交換技能和知識。

農業計畫讓農
民收入上升。

軍人權利法案也
幫助退伍軍人創
業與購屋。

韓戰讓**軍費**
支出又增加。

更多工作！

人民需要住宅；許多年輕人在
大蕭條期間無法養家活口。現
在他們要彌補失去的時間，於
是「嬰兒潮」誕生。

你需要尿布！搖籃！玩
具！嬰兒配方奶粉取代
不衛生的母乳！

商品

此時仍在進行的新政計畫——不久前曾經被公認愚蠢或不可能——已經通過了考驗。民主黨和共和黨在自由派的共識下予以支持。

如果沒壞，就別修！

共和黨的杜威·艾森豪（1890-1969）贏得了1952年總統大選。他在混合式經濟中加入了一個巨大的公共工程計畫：州際公路系統。

更多工作！

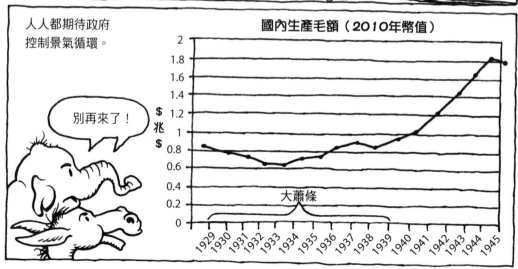

人人都期待政府控制景氣循環。

別再來了！

國內生產毛額（2010年幣值）

大蕭條

管理景氣循環就要隨時追蹤。政府開始收集我們至今仍在使用的大量統計數據。並非全部可靠，但是總比沒有好。

宏觀統計：國內生產毛額（GDP），就是每個人賣出的新產品與服務總和。

整個經濟體的產出！

直到1990年代政府都強調國民生產毛額（GNP），就是GDP加上美國人的海外收入，減掉花在海外的錢。

GDP只計算最終產品和服務，以避免重複計算。

50¢

麵粉

25¢

麵包

$1

對GDP的總貢獻：1元，不是1.75元

只要你買某樣東西，GDP就上升（無論你買什麼）……

不利GDP

有利GDP

除非是違法的。

計入GDP

啤酒

不計入GDP

GDP只計算**金錢交易**。森林不計入GDP，除非我們砍伐它。

在這方面，如果我們自己做飯，自己打掃房子，自己照顧小孩，都**不算**在GDP裡。如果我們上餐廳，雇人打掃房子，把小孩送去托兒所，**那就算**。所以當同樣的工作量做完，GDP可能**水平成長**，但是GDP上升是因為工作轉移到了貨幣經濟。

GDP必須**隨著價格**的改變作調整，這樣我們才知道我們得到了更多東西，或多花錢買同樣的東西。

當我談到GDP，我是指實質GDP。

5%GDP
成長
以美元計算
通膨調整
────────
= 2%
實質GDP
成長

得強調的是，GDP計算東西的成本，而非我們從中獲得的好處。例如，便宜的自來水幾乎不佔GDP。

如果我們被迫改喝昂貴的瓶裝水，GDP會上升，但是很難看出這樣子比較幸福。

大家都知道怎麼辦：

多花錢！

凱恩斯

1950年代，大蕭條記憶猶新；保持GDP上升**成為**經濟優先課題是很合理的。

142

雇用失業者雖是最簡單的方法……

我們需要鋼鐵蓋新橋！多雇些工人！

好！

鋼廠

但是有其限制：**完全就業**。

我們需要更多鋼鐵！多雇些工人！

鋼廠

已經沒人了！

在這時候，多支出也無法擴張經濟；從現在起經濟已經大到極限了。新的支出反而會排擠其他支出，造成**通膨**。

我出兩倍！

鋼廠

這才像話。我會取消其他的訂單。

保持經濟接近完全就業又不引發通膨非常棘手。但是戰後幾十年來，經濟學家們表現得很不錯。

山繆遜與新古典綜合學派

經濟學家是從哪裡來的？經濟學家必須經過凱恩斯思想的訓練，但是凱恩斯的《一般理論》（121頁）對初學者而言相當艱澀。

這時出現一位年輕美國經濟學家，保羅·山繆遜（1915-2009）。他的書《經濟學：初步分析》（1948）用清晰親切的白話解說凱恩斯的觀念。

「1932年失業人民在街上遊蕩；但這些人在1929和1946年都有好工作。答案不在他們的身上。」

山繆遜把凱恩斯的觀念用在**總體經濟學**——也就是大局。

不像凱恩斯，山繆遜保留新古典概念（67頁）來解釋**個體經濟學**——像單一市場如何運作、個別公司績效如何、消費者如何選購以達到最大滿足這類小事。

不過，它其實不是綜合：山繆遜用凱恩斯的觀念涵蓋新古典世界，採用模稜兩可的**因素融合**。

嗯，融合。

這種結合稱作新古典凱恩斯經濟學，又稱**新古典綜合學派**。

山繆遜的經濟學是幾乎後代每種經濟教科書的典範。到了2011年，這本書已經印到第19版。

這已經是一大成就了，但山繆遜前一年剛出版過**另一本**很有影響力的書。《經濟分析之基礎》（1947），把所有經濟學用**純數學**重新闡釋。

基礎

因為提供凱恩斯觀念、還有最聰明學者也很傷腦筋的複雜事物之清楚說明，山繆遜建立了凱恩斯在主流經濟理論的穩固地位。

多花錢！

美國夢

有了凱恩斯學派掌管經濟，昔日的繁榮與崩潰循環變成了類似繁榮與暫停。

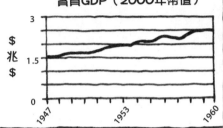

實質GDP（2000年幣值）

當窮人變富，極富者沒有（感謝高所得稅）。許多富人很有風度地接受新規則。

「我的家族擁有現在這麼多錢，並沒有合理化的解釋……唯一能夠辯護的實話就是我們喜歡有錢，目前的社會體制也容許我們有錢。」

史蒂芬・洛克斐勒，約翰D.的曾孫

有些富人仍然懷念1920年代，甚至堅稱在小羅斯福搞砸一切之前，大蕭條其實沒那麼糟糕。這是前總統胡佛在他1951年回憶錄中談到的大蕭條。

「許多人離開他們的工作，是因為賣蘋果賺得比較多。」

賀伯特・胡佛，各位女士先生！掌聲鼓勵！

無論如何，富人逐漸**喪失權力**。他們甚至不再控制自己擁有的公司；這時大多數大企業都有太多股東，沒空理會一個人的意見。

我擁有這公司0.07%股權，我認為——

滾。

此外，戰後的公司很**複雜**；很少股東有空注意詳情。所以股東們多半只知道管理階層告訴他們的事。在這方面，董事們也一樣，他們每年只開幾次會議而已。

因此管理階層相當獨立自主。結果大企業被專業經理人——也就是**自己的員工**掌控。

「藍領」勞工

「白領」勞工

我們都只是勞工！

到了1950年代，窮人富起來，極富者變得相對弱化，美國似乎轉變成一個龐大的**中產階級**。

低階–中產

中階–中產

高階–中產

「世界最大的資本主義國家，美國，從財富分配的立場來說，最接近在無階級社會中所有人共享繁榮的理想。」 ——理查·尼克森（1913–1994），艾森豪的副總統（1959）

經濟成長，合理廣泛的財富分配，解決了各種問題。

努力工作、保持清醒的人都做得到！

但是成長無法解決某些問題。

酒　抽菸　買　喝　吃

抽菸　紀念品　吃

消費　酒　開新車

買

小盒子：郊區

例如，這些新房子主要蓋在郊區。人們並非主動搬到郊區，而是被補貼吸引去。

而且房子已經蓋好了，在大量生產的開發區。

> 房貸抵稅！房貸擔保！免費公路！

銷售

這些開發區稱作「鎮」，但是真正的城鎮是有機發展，由許多個人與集體決定選擇把家蓋在哪裡，蓋多大，在哪裡蓋學校……

戰後的開發區是規劃的（經常規劃不良），沒有公共空間可以舉辦示威或遊行，沒有多樣性，加上——因為整排房子的價錢都一樣——經濟隔離作用，意思是貧富隔離……

那還不是唯一的隔離形式。

> 我來買房子。

銷售

> 滾！

不過對於小時候在貨車和棚屋長大的世代，集體社區已是大躍進，有這麼多補貼，不搬到郊區就太傻了。新中產階級離開城市，也帶走了他們的稅基。

> 郊區居民使用城市，但他們沒有繳稅支持。
>
> 另一種補貼！

城市嘗試過把中產階級吸引回來。有個常見的餿主意：

地圖

讓我們的城市更方便開車！

1950到1953年間，紐約市花了1億4千3百萬養學校，4百萬養圖書館，7千萬養醫院，1億7千2百萬養公路，無論合不合理。其他城市更加誇張。

大賣場

1930年代

汽車、停車場和道路佔用很多土地。城鎮必須往外擴張。

商店　學校　加油站

1950年代

我們越遷就汽車，就越需要汽車！

停車　加油站　賣車　學校　輪胎　商店　車店　加油站

所以人們買更多汽車……

於是城市更擴張……

需要更多公路與停車位……

城市擴張時大眾運輸系統比較不划算。為了促進銷路，通用汽車、火石輪胎和一些石油公司買下幾十條地面電車路線故意把它們搞爛。

我想是自由選擇買車的時候了。

大政府

惡搞電車路線的各大公司被定罪，但被輕罰一下就放過了，顯示出時代如何**改變**。

重大改變之一：在1950年代，政府變得**官僚**。官僚體系傾向做最容易的事，通常表示向**壓力**屈服。

給我！

給我！

給我！

給我！

給我！

給我！

施壓——合法政治獻金、遊說費用、公關活動、行賄——需要花**錢**，所以：

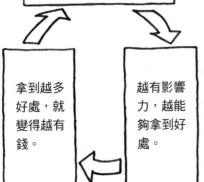

特殊利益團體越有錢，在華盛頓越有影響力。

拿到越多好處，就變得越有錢。

越有影響力，越能夠拿到好處。

同時，服務需要幫助者的計畫慢慢萎縮。

如果我們有影響力，就能讓政府的錢花在我們身上。

如果我們有錢，就會有影響力了。

最有影響力的特殊利益團體就是**大企業**，在1950年代跟政府的關係很好。

在韓戰中，龐大的軍方加入這個組合。這不是美國創造出來的第一部大型戰爭機器，但是首次在戰後仍團結一致。

我們是戰友！

呃，你們不是應該對立嗎？

有一**群**人掌管這整件事……

約翰 J. 麥克洛伊
助理戰爭部長，大通銀行總裁，世界銀行行長，駐德國高級專員

查爾斯·威爾遜
國防部長與通用汽車總裁

道格拉斯·麥克阿瑟
陸軍將領與雷明頓蘭德電腦公司總裁

勞勃·麥納瑪拉
國防部長，世界銀行行長，福特汽車執行長

這更證明了我們在81頁看到的：大企業很像政府部門，所以經營這兩者沒什麼不同。

官僚

企業主管

大企業、政府和軍方擁有一個共同的目標。通用汽車總裁與國防部長查爾斯·威爾遜稱之為：

「永久的戰時經濟」

1947年，五角大廈說如果開戰，要用150枚廣島規模的核彈才能打敗蘇聯。

150枚廣島核彈＝三百萬噸

好像沒錯。

我們負擔得起。

到了1960年，美國已經建造出相當於10萬顆廣島規模的核彈。

我們需要：
1.更多
2.更多
3.更多

似乎每年軍方所「需要」的火力數量，都跟軍火業能供給的差不多。

他們有更多！

他們有更多！

理由之一：在二次大戰，政府養成習慣提供優於成本的契約——付給供應商成本加上保障獲利。很多大企業變得依賴軍費支出。

科技也經常依賴軍費支出；很多軍方對火箭、飛機與電子的研究外流進入民間經濟。到了1962年，美國花在飛彈的電子設備費用比製造電視多出三倍。

連噴霧罐都是軍用產物！

但我們在93頁看過軍備競賽如何導致世界大戰；後來又不止一次瀕臨戰爭邊緣，後果根本不堪設想。

另一方面，這些軍費支出意味著獲利與就業機會，所以沒有預期中那麼多抗議聲音。即使有抗議也常被忽視。

大而無味：戰後的媒體

我們在76頁談過規模經濟的邏輯——**前置費用上漲，
單位成本下跌**——在**報社**和**鋼鐵廠**一樣適用。

印報機，
1750年代

印報機，
1950年代

我們必須賣**很多**廉價報紙
才能支付昂貴的機器費！

在1950年代，整個城市提供的讀者可能只養得起一家大報。

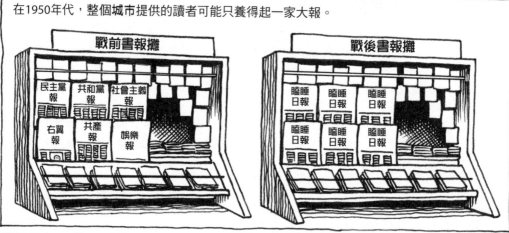

戰前書報攤

民主黨報　共和黨報　社會主義報

右翼報　共產報　娛樂報

戰後書報攤

瞌睡日報　瞌睡日報　瞌睡日報

瞌睡日報　瞌睡日報　瞌睡日報

按照定義，大報
社也是大企業，
越來越多人從大
企業獲得資訊。

比起**新媒體**，
那不算什麼。

哈囉！

電視在二次大戰後宛如野火燎原。

「如果休閒時間只被用於每天多看幾小時電視，我們這個民族將會瓦解。」
——艾蓮娜‧羅斯福，前第一夫人（1958）

什麼叫做所有權集中：從1940年代起，幾十年來，**全美國**只有三家電視台。

事情就是這樣！

對！ 對！ 對！ 對！ 對！ 對！ 對！ 對！

對！ 對！ 對！ 對！ 對！ 對！

對！ 對！ 對！ 對！ 對！ 對！ 對！

對！ 對！

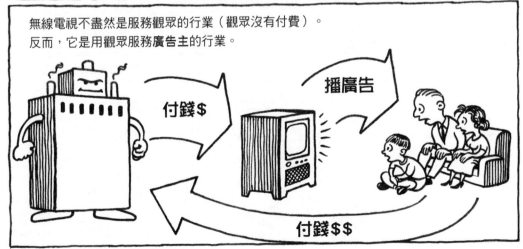

無線電視不盡然是服務觀眾的行業（觀眾沒有付費）。
反而，它是用觀眾服務**廣告主**的行業。

付錢 $

播廣告

付錢 $ $

觸怒廣告主形同愚蠢的商業自殺，所以電視台（還有電台、雜誌社和報社也一樣）經常自我審查。

傳奇記者威廉·席勒在1947年被開除，在CBS擔心他的報導可能觸犯某廣告主。

所以新聞、資訊和意見——在某個程度上就是文化本身——變成了**單向流動**。

人民可能有異議，但是不像以前那麼重要。這麼看吧：如果你生氣得在電視機前咒罵……

為了安全，我們需要更多武器！

或許別人也在咒罵。或許每個人都是。但又怎樣？沒人**聽得見**別人的聲音。

如此**缺乏聲音**或許可以解釋戰後蔓延的**政治冷感**。連嚴肅的政治問題都開始轉變成誰在電視上比較好看……

選舉 1960

新疆域和大社會：甘迺迪與詹森

接著來到了1961年，杜威·艾森豪總統卸任時警告：

「龐大軍事體制和龐大軍火產業的結合在美國歷史上前所未見……災難性誤用武力的可能性已經存在也會持續下去。」

艾森豪命名了我們在150–151頁描述的權力集團。

這是
軍事工業複合體！

新總統，民主黨的約翰·甘迺迪（1917-1963），為政府找回了一點**遠見**和**活力**。

幫助窮人！送人上月球！
修改民權！動手去做！

甘迺迪的任期見證了「發現貧窮」，當時政府注意到美國還有貧民。

可是應該
水漲船高
啊！

我沒有船。

甘迺迪在1963年遇刺；繼任者林登·詹森（1908-1973）是小羅斯福時代的老人，繼續推行他的計畫。

155

詹森以壓倒性優勢贏得1964年大選。

老人健保

窮人健保

「向貧窮宣戰」
（其實還算成功）

努力處理成長的後遺症，
例如污染和髒亂

貧童啟蒙計畫

芝麻街

現在該來做我的計畫了，大社會！

大社會計畫很花錢，但是財源已經有了。甘迺迪用減稅刺激經濟……

而凱恩斯派經濟學家很會搞經濟，維持低通膨和高就業。

1965年，《時代雜誌》把逝世將近二十年的凱恩斯放上封面，表示：

「制定國家經濟政策的人都利用凱恩斯的原理，不只避免戰前激烈的景氣循環，也創造出空前經濟成長並且成功地穩定物價。」
—— 《時代雜誌》
（1965年12月31日）

不過1965年也是美國經濟按照預期運作的最後一年。要解釋原因，我們必須去看看世界各國的情況……

沒有市場，很難看出人民想要什麼。

你給我們帶了洗衣機嗎？

機車嗎？

冰箱？汽車？

不！我送了**更多牽引機**來！很棒吧？

但是，蘇聯有糧食、衣服和健保。更棒的是，史達林終於在1953年死了。在他的繼任者尼基塔·赫魯雪夫統治下，人民可以稍微喘一口氣。

不能太過自由！

1956年匈牙利革命的結局。

由上而下的社會很擅長執行**大型**計畫。第一顆人造衛星，第一個上太空的人類，第一次無人機登陸月球，都是**共產黨**的成就。

「我們會埋葬你們！」

所以「共產世界」仍然跟「自由世界」對峙。他們的敵對延伸到了其他的國家，稱作：

「第三世界」

我們倒轉到二次大戰結束，當時歐洲的殖民地大多數開始爭取到獨立。世界變得更**複雜**。

巴基斯坦人？

柬埔寨人？

上伏塔人？

美國主宰這個新世界，但是許多美國人並不太清楚。

「我們會不斷提升上海市，一直提升，直到變得像堪薩斯市。」
— 內布拉斯加州參議員肯尼斯·惠利（1940）

例如，大半個世界仍然困在農場上，亟需土地改革，但是……

土地改革是**共產主義**！你們必須尊重地主的私有財產！

地主

如果我們有財產，就會尊重私有財產了。

了解這些事情的人被**逐出**政府。

你說過毛澤東會在中國獲勝！

約瑟夫·麥卡錫

對，我警告過……

所以毛獲勝是你的錯！

什麼？

美國的外交政策變得**愚蠢單純**。

任何共產黨在任何地方成功就表示蘇聯接管！就像推倒一張骨牌會讓全部倒下！

了不起。你懂骨牌。

顧慮在於，真正的民主可能讓共產黨掌權。

強大的反共者比較好。

所以我們在133頁看到的美式慷慨有時是給了**獨裁者**，因為他們吻合**大企業**的需要。

「反共」變成，在某些地方，老花招的新名稱：政府提供武力給大企業。

民主國家想要獨佔我的資源！

你的資源？

我又可以玩小兵兵了！

例如，盎格魯一波斯石油公司（現在的英國石油）欺瞞伊朗幾十年騙取石油；1951年，伊朗選出的總理穆罕默德．摩薩台把石油**國有化**，讓其他石油公司很緊張。

我們的！

1953年，摩薩台被CIA暗助推翻，穆罕默德．雷札．巴勒維國王接管。

你們的！

沒錯！

你一旦培植了獨裁者，就不能輕易讓人民推翻，所以美國後來被迫**支持**世界各地的獨裁者，包括一個叫南越的地方。等到詹森上任時，這個政權因為越共的叛亂瀕臨崩潰，很多越共是土地改革的共產黨。

詹森總統在乎他的大社會計畫，而非地球另一邊的農民，但是承諾就是承諾。

給我搞定這個問題。

增加的軍費支出衝擊已經全速運轉的經濟，開始排擠其他支出；1966年，通膨達3%，在當年算是高的。

詹森加稅來冷卻通膨，但是太少也太遲，而且，尾大不掉的軍方原來比較擅長花錢而非打贏戰爭。

你需要更多？

於是我們又回到156頁，沒有依照預期運作的經濟。

錢都投入在無法結束的戰爭，大社會計畫失敗。

你需要更多？

真的，經濟再也不一樣了。

使用世界資源的四成來供給不到世界人口六％
的工業體系，若要號稱有效率，唯有在人類快
樂、福祉、文化、和平與和諧等方面達到驚人
的成功才行。我無須詳述美國體制無法做到的
事實，也看不到如果提升經濟成長率就能做到
的一丁點跡象。

　　　　　——E. F. 修馬克，《小即是美》（1973）

第六章

限制的年代

（1966-1980）

直到1960年代末期，經濟新聞不算太糟。

通膨升高是因為**就業率**高。民眾有這麼多收入之後想要購買超過經濟體能夠生產的數量。

這是**需求拉動**的通膨。

其實，通膨與失業率之間的關係再清楚不過了。

通膨 vs. 失業，1963-1968年

在低失業的年代，通膨就高。

在高失業的年代，通膨就低。

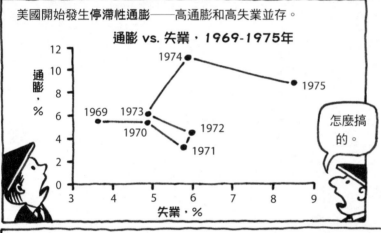

美國開始發生**停滯性通膨**——高通膨和高失業並存。

通膨 vs. 失業，1969-1975年

怎麼搞的。

通膨不可能是需求拉動的通膨，因為經濟體中顯然還有閒置產能（很多原本可以工作的失業者）。

停滯性通膨不只是學術問題；這是**政策**問題。

通膨很高，但我們知道怎麼應付：放緩經濟。

但是失業會惡化，失業率已經很高了。

那又怎樣？我們可以壓低失業——只要刺激經濟。

但是又會惡化通膨。

等一下……

不難想像經濟學家們對停滯性通膨大惑不解。畢竟，在主流經濟學，價格是由供給和需求設定的。

要發生通膨，必須是供給太少或需求太高。但是兩者都沒有啊！

不過通膨有另一個解釋：因為民眾**預期**它發生。

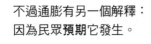

物價上升。

企業要求調高價格同時工人要求調高工資。

大家預期更多通膨。

這個概念很難用數學表達，從1940年代以來，經濟學家們建立了大量的數學模型，尤其在個體經濟學。每個模型嚴格符合上一個，它又符合先前的一個，一路到**微觀基礎**──模型背後的基本假設，我們在71頁看過一部分。

需求

供給

不過別忘了，微觀基礎描述的是**想像的理想宇宙**，如果你想要描述真實世界，那是很薄弱的基礎。

但許多主流經濟學家有點遺忘了。

「數學分析不是研發經濟理論的許多方式之一；而是唯一的方式。經濟理論就是數學分析。其他的都只是看圖說故事。」
——勞勃·魯卡斯（1937–），美國經濟學家

勞勃·魯卡斯（1937–），美國經濟學家

不是圖片會說話嗎？

凱恩斯從未真正**符合**這個嚴格的架構，所以當凱恩斯學派政策開始動搖……

可是我的概念通用了三十幾年啊！

看圖說故事！

到了1960年代末期，許多主流經濟學家活在**純理論**的世界，這樣很難思考無法用數學表達的概念。

看，超平面分隔了固定曲線和轉變曲線。

「『經濟模型』是藝術品，在特定藝術形式的限制中自由創作，也就是合邏輯的湊在一起成為主張。在這樣受限的自由中，很像其他的藝術形式：十四行詩、交響樂、工匠或建築師的概念……」
——喬治 L. S. 沙克爾（1903–1992），英國經濟學家

在這方面，如果企業能根據預期提高他們的價格，他們一定有些**定價權**。主流經濟學排除這個可能性，但其他經濟學家有在研究；我們休息一下**看看非主流經濟學**。

（或者，如果你不太在乎理論，請跳到174頁。）

競爭的壟斷者

試想像**廣告**。直到最近，大多數經濟學家對此並沒有想太多。想到的時候，他們認為：

> 它提供服務：讓我們知道可以把錢花在哪裡。

有時候是這樣。但是現在，麥當勞廣告並不告訴我們麥當勞在賣漢堡。我們早就**知道**了，也很**清楚**它的味道。

但是麥當勞每年花16億美元做一件事。就是塑造跟煎肉的無趣現實大致無關的**形象**。

歡樂！
小丑！
唱歌！

1930年代，美國經濟學家愛德華·錢柏林和英國經濟學家瓊·羅賓遜指出，這種品牌化可能讓相同或幾乎相同的商品顯得不同。

每個品牌都是政府保護的**壟斷者**。你可以製造可樂來賣，但如果你稱之為Coke®，就會坐牢。

壟斷者有**權力**賣高價。下次你去雜貨店，請看看學名藥的acetaminophen、pyrithione zinc洗髮精和loratadine過敏藥，比完全相同的品牌貨便宜多少（分別是泰利諾®，海倫仙度斯®和claritin®）。

這表示現在，競爭未必會像23頁那樣發生。各公司反而會設法打破壟斷，讓他們在某個程度上可以設定**價格**。

這叫**壟斷性競爭**。

不完全競爭的形式之一。

愛德華·錢柏林

瓊·羅賓遜

另一種看法：自由市場對**鑽石**的高價的解釋。

鑽石的供給很少，相對於**需求**，所以價格很高。

阿佛烈·馬歇爾

但是鑽石其實沒那麼稀少：供給受限是因為礦坑都由南非公司De Beers主導的**寡佔集團**擁有。

需求高有一部分是因為這些觀念變成我們文化的一環：

— 沒鑽石戒指就不算真的求婚。

— 戒指應該花掉兩個月的薪水。

— 鑽石是傳家之寶不應該賣掉。

這些觀念來自**廣告**，出錢的正是De Beers。

所以**供給**只有De Beers想賣的數量，而**需求**在某個程度上，就是De Beers能說服我們買多少。

我們控制水平線。

我們控制垂直線。

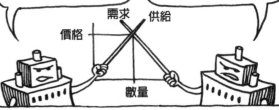

所以這是例外，或是通則？呃，在90頁我們看過許多市場被寡佔者主宰，他們對供給量有些控制權。

「我們在這家公司有發言權。競爭者都是我們的朋友，而顧客是我們的敵人。」
——詹姆斯·藍道，阿徹丹尼爾斯米德蘭農產公司總裁（1990年代）

而需求呢？唉……

富人的尷尬：蓋伯瑞斯

在《富裕社會》（1958）書中，經濟學家約翰·肯尼斯·蓋伯瑞斯指出，
沒人會費心花錢打廣告來賣我們原本就想買的東西。

《富裕社會》在當年是暢銷書，但現在大致已被遺忘。不過，「大企業**賣東西**的**需求**比我們的購買欲更重要」的概念解釋了戰後經濟，甚至現代經濟的許多層面。

例如**拋棄式**商品的風潮。

很方便！

必須一再買同樣的玩意怎麼會方便？

對我很方便！

還有一些設計成很快就變**過時**的產品……

例如現在的電子產品，經常缺乏可以輕易加入的功能。新功能出現後不久舊版就降價促銷。

或**退流行**。

讓尾翼比去年大一點，但不要跟明年一樣大。

1958 新款式！同樣的工程設計！

加上一大堆如果沒有廣告，我們不會懷念，甚至根本不會想到的東西。

你需要衣物柔軟精！你的衣物太硬了！

軟綿綿 衣物 柔軟精

更別提二戰之後，史上最富裕的國家如何開始食用大量的**便宜食品**。

「在美國，死於暴食的比餓死的更多。人口曾經被認為壓迫糧食供給，現在糧食供給無情地壓迫著人口。」 ——約翰·肯尼斯·蓋伯瑞斯（1958）

這種消費壓力的普及或許能解釋為何二戰之後我們開始自稱**消費者**而非，比方說，**勞工**或**公民**。在某個層面上我們或許內化了消費是我們主要職責的觀念。

我們絕對內化了民間生產的消費產品比任何東西，甚至**公部門**都重要的觀念。

一千萬買內衣（真的！）：完全合理地運用社會資源。

一千萬修學校：浪費社會資源的醜聞。

早在1950年代，公部門就在**崩解**，到了讓人無法完全享受其私有商品的地步：無論你的避震器有多好，路上大坑洞都會震動你的脊椎。

我們是「私人富，國家窮」！

現在可以回答一直困擾著我的問題——為何別人買了更多車子我們會**高興**，而別人買更多健保時我們會覺得**無趣**。答案是我們已經內化了大企業的觀點。

如果你花錢維持健康，你就沒錢買我的車了！

想像一下如果情況不同。

底特律今天公佈銷售數字顯示**運輸成本**增加，造成經濟活動的負擔。

總之，我們一開始所討論的是大企業如何有了定價權。我不認為羅賓遜、錢柏林和蓋伯瑞斯**牴觸**了價格的供需模型。無論如何，價格是由**議價權**設定，供需對議價權永遠是個重要因素。

價格的供需模型只是**排除**了議價權的其他因素，以更清楚地顯示供給和需求的互動。

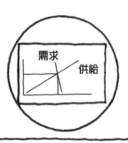

需求　供給

這幾頁我們看到的是非主流經濟學家如何嘗試把議價權的其他因素加入分析。

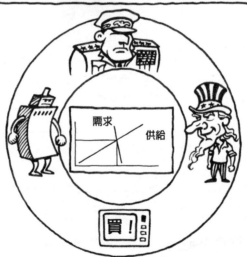

需求　供給

買！

這個非主流方式在1960到1970年代很有影響力，但是終究後繼無力。

或許這是因為沒人想出一套完整、連貫的大企業**理論**。情況讓我想起19-20頁，當時的重農主義者**活在**市場經濟但是無法**解釋**。所以他們專注在**可以**解釋的農業經濟上。

在人們能真正**看清**之前，亞當·斯密必須用特殊的方式**解釋**市場經濟。

在1960年代，大企業主宰一部分經濟長達一世紀，但是沒人提出一套關於它的完整理論。所以人們專注在他們**可以**解釋的**市場**經濟。

就我所知，沒人完整解釋過大企業。但這並不表示我們應該忽略它。它**存在**，而且影響著我們的經濟、文化和政治。

尼克森

說到政治，我們來看看1968年的總統大選，共和黨候選人理查·尼克森以優越的**廣告活動獲勝**。

有時尼克森總統像是右派，例如他**擴大越戰**……

有時尼克森又像是左派，例如他終於把美軍撤出越戰，跟蘇聯達成共識或**妥協**，並與中國共產黨對話。

冷戰結束了！

該死，有時尼克森又像個不折不扣的社**會主義者**：他提倡全民健保，花在貧民的錢比詹森多，從1971到1973年他還凍**結工資與物價**企圖阻止通膨。

凍結工資和物價很極端，但通膨在侵蝕我們看到134頁的系統。在1970年代初期，美元貶值到黃金從美國金庫中外流（美國人仍然不能擁有黃金，但外國人可以）。

給我一盎司黃金換你們貶值的35美元。

呃，你不該這麼做──

黃金櫃檯

給我拿來。

1971年，尼克森實施了唯一的對策：他讓美元脫離金本位。

黃金櫃檯

關閉

到了1973年，固定匯率的整套布列頓森林體系崩潰。因為能源危機，這也是通膨**真正起飛**的一年。

要了解能源危機，我們應該提醒自己在1970年代有多少工作要靠機械完成。

沒多久以前，我們的祖先有匹馬幫忙工作就算幸運了。但在1970年代，大多數美國人有相當於幾百匹馬為他們工作。

這些機械多半靠化石燃料運作，尤其是石油。

到了1970年代，美國石油產量達到高峰。

每月美國石油產量

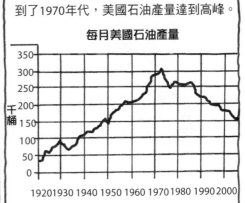

在海外，明顯的大型油田都已經被發現與佔用了。起初它們由西方石油公司經營，付給當地人的錢極少。

這是你的授權金。

後來當地人贏得了較多控制權；在1960年，他們組成了石油輸出國組織（OPEC）。

許多OPEC國家是阿拉伯人；當美國在1973年十月戰爭靠向以色列那邊，
OPEC切斷了石油供應。

油價飛漲，用石油
製造或運輸的商品
成本也飛漲，也就
是萬物齊漲。這是
供給拉動的通膨，
供給成本上升一路
抬高了物價。

例如，在機械化農業中，昂貴的汽油表示昂貴的糧食。

對大多數美國人這只是不方便；在其他國家則是災難。

糧食在哪裡？

馬爾薩斯復活

在非洲，1974年有17個國家鬧飢荒。

原因之一是**政治**；這些國家不是民主政體。真正的民主國家沒有人鬧過嚴重飢荒（2011年現況）。

如果我們有政治權力，我們會用來確保有飯吃！

另一個問題：有些西方援助對**西方廠商**的幫助大過接受者。

給你們錢蓋新水壩，我們有這些公司會幫你們蓋！

所以你基本上是把錢給了你們自己的公司。

對，但是你們可以得到一座水壩！

我們比較需要水井而非水壩。水壩會淹沒我們最好的一部分農地。

連好消息都可能造成問題。例如，當第三世界獲得西方醫療與衛生的好處，死亡率下降。

沒問題！我們會提供糧食援助！

那只是把錢給你們自己的農民罷了。萬一援助停止呢？

我的兄弟多半夭折，但我的所有小孩都活下來！

欸，你們這是拒絕水壩嗎？

也就是人口增加。

……不是。

同樣的事情在歐洲的工業革命時也發生過，但是當年還有**空曠的新大陸**接納額外的人口。

現在新的人口必須擠在原來的土地上，糧食供給幾乎跟不上。

非洲糧食產量
（1952－56期間＝基數100）

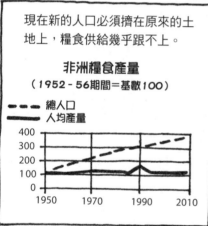

但是人們重新發現了馬爾薩斯，擔憂人口過剩。

你們生太多了！

但是別忘了：回到36頁，我們看到通常富人生的小孩比窮人少。所以當經濟發展人民變富──尤其婦女受過教育又有機會在家庭之外工作──人口通常會上升，然後隨著人口變遷轉為平緩。

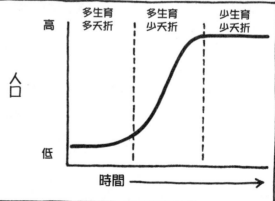

但是等著每個人富起來也有問題。毛病出在：雖然大多數經濟教科書這樣看經濟……

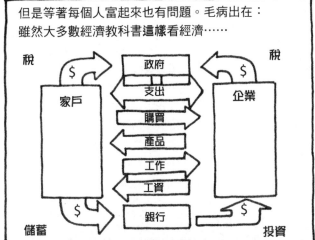

這個觀點遺忘了重要的事情。

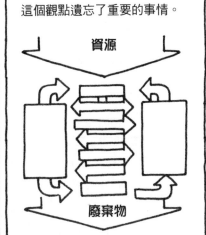

我們依賴**大自然**把廢棄物變回資源。

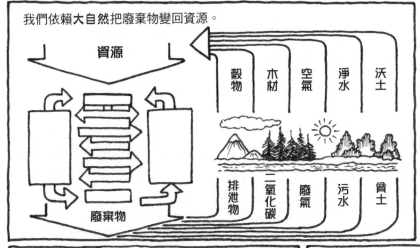

但是大自然能夠應付的就是這麼多。如果**超載**，資源會消失而廢棄物累積。

富人消費與丟棄的比窮人多，讓「人口過剩」有了新面向。

生態足跡——提供一個人的資源並吸收其廢棄物所需要的地球表面積。

問題不在我們！

到了1970年代，人們都警告我們快接近**成長極限**了，無論是人口或經濟的成長。

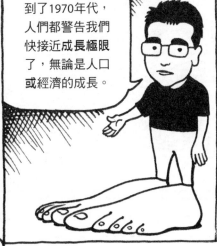

人多腦力多，一點也沒錯——腦力可以解決問題。

舊小麥
能吃
不能吃
新小麥
能吃
不能吃

例如，1970年代的糧食危機度過有一部分要歸功於農學家諾曼·布勞格的腦力，他研發了新**綠色革命**作物，可以用非馬爾薩斯的方式倍增糧食產量。

美國農業政策也在1970年代初期改變；與其努力維持農產價格穩定，有時候要付錢補貼農民休耕，政府開始推進**產量極大化**。

更多！更多！更多！

新政策偏好大型生產者，或**農產公司**，導致舊式家庭農場的毀滅。

「不成長就滅亡。」——厄爾·布茲，農業部長（1971–1976）

農產公司太大無法照顧每一畝土地；全部種同樣的東西比較輕鬆。這個東西通常是玉米。

很快美國就種出了多到不知如何是好的玉米，於是發現了一些**新用途**：

用玉米餵牛。吃玉米讓牛常**生病**，所以牠們隨時需要藥物——這些藥物進入我們的食物和飲水供給，也造成了抗藥性的**超級害蟲**。

玉米用新的形式餵人類，例如**高果糖的玉米糖漿***，造成了美國肥胖率上升。

玉米被轉化成乙醇，有大額補貼的可再生燃料，除了當作農業公司的贈品之外毫無道理。

我們種玉米做燃料，再用燃料來種玉米！

種完之後還剩下多少？

剩下？

＊可能因為它對人體比其他糖類更糟糕，當然也因為有補貼才這麼便宜，食品廠商幾乎什麼產品都用它。

不過，回過頭來想想，1970年代，便宜糧食是美國人的福氣，很多人口袋的**錢**沒有從前那麼**多**。

大加稅

1970年代，民眾的收入即使跟得上通膨也變窮了，因為稅級攀升。

稅級攀升是個誤導的片語；真的，稅級並沒有跟隨著通膨升高。

超高稅

高稅

中稅

低稅

所以跟上通膨的收入爬上越來越高的稅級。

可是我的薪水並無法買更多東西啊！

超高

高

中

低

這造成了大幅的增稅。

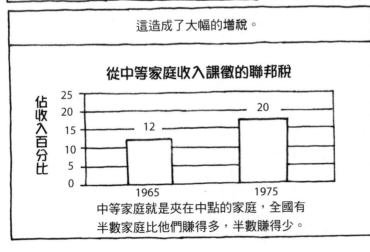

從中等家庭收入課徵的聯邦稅

佔收入百分比

25
20
15
10
5
0

12

20

1965   1975

中等家庭就是夾在中點的家庭，全國有半數家庭比他們賺得多，半數賺得少。

政府沒修改稅級攀升是因為必須從普通家庭拿走更多稅金；因為向富人與大企業抽的稅減少了。

富人和大企業繳稅一年少過一年，因為稅法變得越來越**複雜**，漏洞越來越多。

OK，你還欠我，嗯……等等……

我什麼也沒欠你！

真的？哼。

修改稅法、應付通膨、改善就業、減少對外國石油的依賴，這些問題都需要遠見與想法，尼克森總統缺乏這些東西；尼克森已被水門案醜聞纏癱，在1974年辭職。

尼克森的繼任者傑洛‧福特有想法，但實在不太高明。

我們都戴上「打擊通膨」徽章吧！

葛林斯潘　贏　　　贏　　　贏

主流經濟學家也沒幫上什麼忙。

我們在167–173頁看到的非主流經濟學仍有影響力，但是輸給了另一種非主流經濟學，復甦的自由放任風潮。我們來看看。

自由的先知：海耶克和傅利曼

早在1920年代，奧地利經濟學家路德維·馮·米斯（1881-1973）和腓特烈·海耶克（1899-1992）就看出了**計畫經濟**在許多國家變成**政治獨裁**。他們認為當人民失去**經濟**自由，就會失去**政治**自由。

何不改回**自由市場**？

計畫經濟的成效並沒有那麼好。

米斯　海耶克

這些觀念被稱作**新自由主義**，因為源自十九世紀的自由主義，認為政府應該縮小到無法壓迫人民。

海耶克尤其是個偉大思想家；海耶克沒有**假設**市場有效，自從李嘉圖以來的經濟學家都這麼以為，而是檢視它**如何**運作──小單位（個人）的交易如何製造出複雜的**智慧**（市場），遠比任何真人規劃者更高明地因應短缺、品味改變或新科技。（「看不見的腦」一詞或許比「看不見的手」更恰當。）

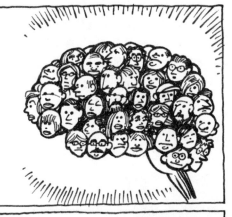

凡是想用自己的系統**取代**這個腦的人都會失敗，在失敗**過程**中，他們會造成很多損害。

像他們這種人。

不過，二戰之後，民主國家證明了完全可以不必用集中營來管理經濟。

你不討厭被迫為大眾工作嗎？

我不是被強迫；我是**被雇用**！

醫院

即將開放！

海耶克沒沒無名了幾十年。結果他來到了芝加哥大學，新自由主義的衣缽被美國經濟學家**米爾頓·傅利曼**（1912-2006）接下。

傅利曼的觀念基本上就是極端捍衛自由放任……

人們的動機就是自利。

如果我們讓大家**自由選擇**讓他們獲利最大的交易，他們會極大化自我福祉。

自由市場基於對他人福祉的貢獻獎勵所有人。

所以當政府不干預，人們幫助他人以極大化自己的利益。

只要可行，政府就該滾開！

向約翰·梅納·凱恩斯致敬的一點：政府**確實**必須管理總體需求。但是與其採取凱恩斯學派調整課稅與支出的作法，傅利曼建議每年增加貨幣供給3%左右（**貨幣主義**）。

簡單！

如同海耶克，傅利曼強調**集中的權力**是對自由的**威脅**。但他似乎沒看出權力可能以不止一種形式集中。

相反地，他比較真實世界的各國政府與**模範自由市場**。當然教科書模型運作得比真實世界的機構好——所以我們一開始才想得出來。例如，貨幣主義只在狹隘的經濟模型才行得通；但在真實世界一再失敗。

而且說真的，當傅利曼在1960年代開始出名時，自由放任即使在理論上都未必適用，這已經很明顯了。讓我們來看看**市場失靈**。

市場失靈並不是指市場如何照顧富人的奇想而非窮人的需要。那樣子是市場正常。

或者放任不管的市場如何經常被人控制。

它指的是即使像教科書的完美市場也可能造成惡果──例如，**外部因素**，這基本上是經濟交易的**副作用**。

到處都有壞的外部因素，因為做決策的人不是受害的人。

外部因素也可能是**好的**。如果你蓋一棟漂亮而非只是功能性的建築，人人都會受益。

但是因為你付了**全額**成本，而你只得到**部分**利益，沒有足夠動機去做。

所以即使在**理論上**，自由市場會帶給我們太少具有廣泛分享利益的商品，太多廣泛分攤成本的商品。

民富國窮！

還記得23頁嗎？自由市場只有當產品**價格**反映出社會**成本**才會妥善運作。

所以如果政府**糾正**某外部因素——例如課徵污染稅——市場會運作得**比較好**。

帳單2元
清理尾礦殘渣 1元
恢復被污染的空氣和水 1.5元
復育死掉的魚類 0.5元
共5元

強大反彈：

那樣我的商品就**太貴**了！你會害我倒閉！

這正是**關鍵所在**：如果我們不是真正需要而願意付出完整成本把某商品送上市場，那麼它就是**濫用社會資源**。

總之，糾正外部因素通常很便宜。但總是被說成毀滅性的昂貴，直到我們實際**去做**。

賣無鉛汽油
減少破壞臭氧層的氟氯碳化物
減少造成酸雨的硫排放
在車子上提供安全帶和安全氣囊
改善汽車耗油量
改善職場安全
等等，等等，等等

即使在理想化的自由市場，也有政府的角色。傅利曼理論上認知這點。但在實務上他主張反對幾乎政府做的所有事，從發給醫師執照到經營社會安全體系。

有了社會安全體系，政府先課你的稅，晚點才還給你。

對。

所以這是強迫你負擔自己的退休金！你被**壓迫**了！

是嗎？

還有別人比傅利曼更極端的。尤其芝加哥大學是**新保守派經濟學**的溫床。

政府永遠不該干預經濟！要自由放任！

理由之一：在1970年代，政府已經不再那麼**吸**引人了。

虛胖國家

稅太高了。

相信政府就是天真。

符合他們目的的計畫似乎永遠不會停止。

你要給我們高速鐵路嗎？

乾淨能源？

翻修學校？

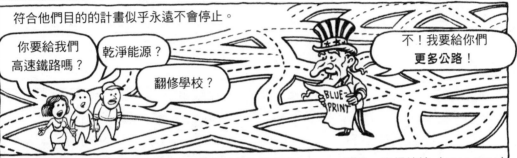

不！我要給你們**更多公路**！

「*政府機構是我們在這個世界上所見最接近永生的東西。*」——隆納·雷根總統（1911-2004）

而且法規疊床架屋。

官僚法國

想想1969年這條怪法規：

藤蔓上成熟的番茄必須直徑至少2又17/32吋。綠番茄可以小一點。

你可能以為美國番茄農**討厭**這樣，但其實這是他們**要求的**。原來，他們主要栽種綠番茄，而墨西哥農民主要栽種藤蔓的紅番茄。這條法律擋住了一半墨西哥產品，讓美國農民可以多賣30%價錢。

佛州　墨西哥

這種**規制俘虜**是大政府越來越嚴重的問題：政府被原來應該規範的利益團體綁架了。

在1970年代，連擁護大政府的主要論點——必須有人約束大企業的威脅——似乎也**錯**了。

大企業奄奄一息！

數字管理

企業問題真正始於二次大戰之後的企業**成長**與**多樣化**。最後連最高管理階層都無法掌握所有細節。但所有企業都有個共通點：

鎁銖必較！

獲利　麵包　獲利　時鐘　獲利　毒氣　獲利　內褲　獲利　木材　獲利　鋼筆

經營這些巨大組織需要新型態的專家，管理專家，了解金錢與數字而非如何製作汽車或襪子等細節的人。

獲利　虧損　成本效益分析　投資報酬率　商學院　其他

這些管理專家引進了許多企業需要的客觀、量化的思考。但是他們往往忽略了**非數字**的事情，無論它多麼重要。

「我們有的每個量化指標，都顯示我們即將贏得越戰。」
——勞勃・麥納瑪拉，甘迺迪與詹森的國防部長，新管理方式的先驅

例如，當車子從底特律的組裝線上卸下，檢查員會去尋找問題。但是越來越常發生：

開除檢查員。

蛤？為什麼？

他們的薪水太貴了，而且一直找出問題，又要花錢。

可是他們保持我們車子的高品質。

我在財務報表上看不出來。開除他們。

同時，經理人很少注意他們自己薪水的成本；在1970年代，有家美國鋼鐵的工廠用了**700**個經理來管理6000名工人。

快點！

快點！

我們必須降低成本！

「我們稱之為管理的，含有一大部分是讓人難以做事。」——彼得・杜拉克，管理大師

有了這麼多管理，工人越來越不在乎……

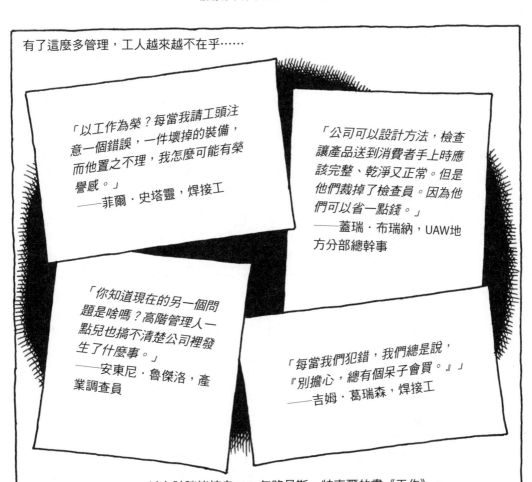

「以工作為榮？每當我請工頭注意一個錯誤，一件壞掉的裝備，而他置之不理，我怎麼可能有榮譽感。」
——菲爾·史塔靈，焊接工

「公司可以設計方法，檢查讓產品送到消費者手上時應該完整、乾淨又正常。但是他們裁掉了檢查員。因為他們可以省一點錢。」
——蓋瑞·布瑞納，UAW地方分部總幹事

「你知道現在的另一個問題是啥嗎？高階管理人一點兒也搞不清楚公司裡發生了什麼事。」
——安東尼·魯傑洛，產業調查員

「每當我們犯錯，我們總是說，『別擔心，總有個呆子會買。』」
——吉姆·葛瑞森，焊接工

以上訪談皆摘自1974年路易斯·特克爾的書《工作》。

經理人甚至想要插手技術性決策。在1970年代，GM設計一個車頭燈要開15次會議，其中5次CEO會出席。

當李·艾科卡，1970到1978年的福特總裁，想要一輛小型車，他決定好規格，這樣還好。

讓它不超過2000磅重，成本低於2000美元。

請注意價格在設計前就設定好了。

艾科卡也決定了要花多少時間，這比較不OK。

開始上生產線。

可是設計還沒完成。

我說了，開始生產。

結果福特Pinto車很容易**爆炸起火**。這個問題只要每輛車花11美元就能修正，但是卻沒有。

汽車公司並非特例。管理不良在1970年代就曾拖垮巨大的賓州中央鐵路與美國鋼鐵。

賓州中央鐵路倒閉迫使政府把客運鐵路國有化。公營系統——Amtrak鐵路——也不怎麼樣，但是表現比賓州中央好一點。

反正，公司從來不缺藉口。

工會！

環保法規！

外國競爭！

問題是課稅！

麻煩的規定！

這些藉口也有些道理，尤其是**外國競爭**。

日本製造

美國大企業幾十年來把它們的顧客視為理所當然。

THE **FORD PINTO**

讓你感覺溫暖

真實的標語！

同時，**國際貿易**越來越有效率。

貨櫃船，1956年發明

到了1970年代，習慣稱霸國內市場的美國公司發現他們必須在全球市場上**競爭**。

最明顯的，美國人開始買**外國車**，尤其日本貨。

這是什麼？

豐田汽車。

豐什麼？

日本政府保護它的企業免於進口貨競爭，鼓勵他們合作，給他們補貼和優惠，幾乎強迫公民儲蓄，所以企業永遠有人來投資。

可是如果我們的消費者存錢，誰會買我們的東西？

外國人！

美國人抱怨日本的政策不公平，確實如此，但真正的問題在於日本公司做的東西比美國貨**好**。

對手退步時很容易追趕！

日本公司經理人比較少，而且他們的經理比較務實。即使在2000年代，日本汽車公司從員工接獲的建議仍比美國公司多**100倍**。

我們的經理會聽！

因為美國人用美元買車，日本收了一堆美元。該怎麼辦呢？

美元又不能在東京買日用品！

美元可以買美國商品，但是日本人買的沒有賣的多——意思是，美國發生了**貿易赤字**。

美元也可以買美國**資本**——股票、債券、政府公債等等。這種交易曾經被禁止，但是限制或者說**資本管制**，在1970年代放寬了。

所以**金錢**的流動平衡了，**貨物**的流動則否。

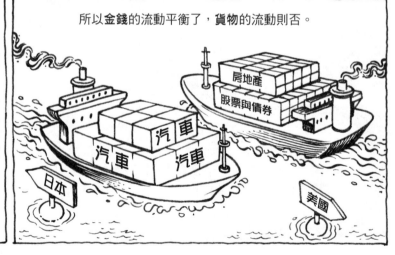

從此以後，美國就賣掉**資本**來買更多東西。

這對**擁有資本**的美國人是好事。

我出一千萬買這棟大樓。

我出一千五百萬！

對美國消費者也是。

約翰車行

不會爆炸的車！超便宜！

但是別忘了：大多數消費者也是**勞工**。

福特

多半是小毛病

1976年贏得總統大選的民主黨籍吉米·卡特有很多問題要處理。

卡特**放寬**了貨運、航空、電信和金融的法規限制。

可想而知成效不錯。在航空業，航空公司受**保護**較少，所以新公司可以挑戰老公司。機票價格下跌（多半）。

不過服務也惡化了。

更重要的，卡特放寬啤酒。在1970年代，只有少數幾家大酒廠；他們的啤酒味道就像政府啤酒署的產品一樣糟。卡特允許家庭釀造，因此今天有小酒廠和美味的啤酒。

其實，當保守派指出成功的鬆綁，他們多半是指卡特的。後來的鬆綁成效就不太好了。

不過，卡特總統並非自由放任的信徒。當克萊斯勒在1970年代末期發生危機，卡特給了新任執行長李·艾科卡喘息空間以力挽狂瀾，艾科卡成功了。

卡特也很努力解決國家對**化石燃料**的依賴。

太陽能板，在1980年代被雷根總統拆了。

但是，這並不足以應付另一場**石油危機**（1979）：

伊斯蘭教基本教義派在伊朗掌權，綁架了美國人不肯交還，石油價格飛漲。

我們對他們做了什麼？

反美帝

隨著油價上漲、人質的羞辱與強烈的衰退，卡特在1980年大選輸給前加州州長隆納·雷根。

「獲利」在最快走向毀滅的國家，總是第一優先。

——亞當・斯密，《國富論》（1776）

第七章

富人的反撲

（1980-2001）

所以在「觀念市場」上，有些觀念是由**大把金錢贊助**的。

喔，富人是國家的救贖。
他們致力於財富創造。
他們應該有自己的補償。
課稅削弱他們的動機。
不要用法規限制他們。
這才是拯救國家的辦法！

事情是這樣的：我一直都有**政治立場**。但是直到現在，這本書似乎沒那麼政治，因為過去就過去了。現在說**奴隸制度是錯的**已經毫無爭議。

至少對清醒的人。

但如果這本書在1850年代出版，這個觀點就會具**相當**爭議性。

我有信心**現代**對財富與權力極端不均的合理化解釋都是胡扯，就像以前那些，也會完全消失。

但是目前，許多人不同意，意思是這本書將會變得更具**爭議性**。就這樣吧。

總之，金錢支持的觀念是什麼？最大的一項：我們在183–186頁看到的**保守派經濟學**。在1970年代，這並**不是**胡扯——受到了**學術性的尊重**。

畢竟，我們在166頁看過主流經濟學家們被從一開始就**假設**完美自由市場的數學束縛。

從這裡跳到米爾頓‧傅利曼只需一小步，然後從傅利曼跳到……

不受監管的市場永遠最好！

所以在1970年代，保守派經濟學距離主流不遠。

但是主流終究要重新回歸真實世界。

不受監管的市場可能搞砸！

愚蠢的編排

沒有政府規定

到了2000年代初期，主流**擴充**它的模型以納入：

· **歷史**與**機構**的重要性
· **觀念**與**知識**的重要性
· **壟斷式競爭**（168頁）
· **資訊不對稱**（民眾沒有同樣的資訊。）
· 從李嘉圖時代以來的**心理學發展**（我們不是單純、理性的計算機。）
· 我們的社交本能，例如我們經常會選擇**公平**而非私利
· **凱恩斯**
· 大量的真實世界**資料**
· **受控制的實驗**來檢視我們如何**真正**行動，而非理論說我們該怎麼做
· 其他！

但這些擴充的模型不在我們的討論範圍，因為它們沒什麼**效果**。如今2011年，我們的經濟資料庫多半還停留在1970年代。

不受監管的市場**真好**。

我不同意。不受監管的市場**最完美**。

例如，打從1970年代我們不斷聽到**富人太窮了**，甚至**窮人太富了**。
（2002年，《華爾街日報》稱呼窮人是「幸運的小鴨」。）

他們接受太多政府補助了！

如果他們生活苦一點，會培養出更多品德！

他們老是裝可憐，其實過得很不錯！

他們覺得有權不工作就拿錢！

他們該多繳點稅！

國家不能無止境地支援他們！

你或許會懷疑富人怎麼會如此**洞察**窮人的心態，因為這兩個階級很少接觸。
有個可能性是他們把**自己**的錯誤投射到**別人**身上。**這樣子**就比較說得通。

我們接受太多政府補助了！

如果我們生活苦一點，會培養出更多品德！

我們老是裝可憐，其實過得很不錯！

我們覺得有權不工作就拿錢！

我們該多繳點稅！

國家不能無止境地支援我們！

總之，其他保守派觀念，例如廢除社會安全制度、累進稅制這類經過考驗的措施，其實一點也不保守，算是相當**激進**。

事實上，1970年代的保守派把他們的運動稱為**革命**，確實沒有錯。其目標是抹消新政、把時鐘倒轉回到1920年代，所以我們要回到**隆納‧雷根**。

喀爾文‧柯立芝肖像，在雷根上任時取代了湯瑪斯‧傑佛遜肖像

雷根經濟學

雷根總統承諾小政府，平衡預算，鬆綁法規，還要減稅。

「政府不是我們問題的對策，政府本身就是問題！」

對！

民眾想要減稅是**對的**；在1980年，中等家庭的收入有25%要繳聯邦稅。十五年前，稅率只有**一半**。

加上其他稅，我們收入有**三分之一**要繳稅。

那還是比大多數西歐人民少。

可是西歐人福利**更多**：免費健保、好教育、大學學費便宜……

雷根做到了。1981年最高稅率從70%降到50%，1986年又降到僅28.6%。1986年的法律彌補了一些漏洞，但又開了其他漏洞。

「*以課稅年度從1986年5月1日開始的合夥企業為例，如果該企業在始於課稅年度第一天到1986年5月29日結束之期間實現了淨資本利得，按照1986年5月6日的豁免協議，那麼該企業可以選擇將該淨資本利得的每項資產，列為已經按照各自根據每項資產實現之資本利得或損失比例分配給企業之合夥人。*」

1986年稅法的一部分，讓華爾街大咖貝爾斯登的合夥人們省了八百萬美元稅金（如果**只**適用他們的話）。

大企業獲得大幅減稅與梅隆式的退稅，例如1981年奇異公司退了一億五千萬美元。

稅級攀升終於停止了——如今，稅級隨著通膨上調——但是一般人只減稅了1%左右。換言之，1970年代的加稅被鎖死了。

他沒有**加稅**，但是為什麼還拿走這麼多？

笨蛋！

減稅意味著稅收減少嗎？雷根說**不會**。

「這些政策會讓我們的經濟強化，強大的經濟將會平衡預算，我們保證在1984年做到。」

雷根也刪減了一些社福支出，但他膨脹軍事預算讓總支出一路攀升。換句話說：

雷根
把政府
變大了

減稅與增加支出意味著龐大**預算赤字**，只是雷根或許**不懂**這一點：他的經濟政策相當鬆散。

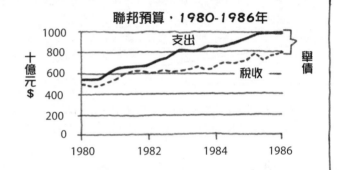

聯邦預算，1980-1986年

十億元 $

支出

稅收

舉債

1980　1982　1984　1986

「雷根並不承認我們的赤字。他不懂為何人們老是談論他對赤字的立場。他反對赤字四十年了。為何還會有人質疑？」　　——大衛·史塔克曼，雷根的第一任預算局長

所以雷根的經濟政策只是**赤字支出**罷了。

在124頁，我們看過赤字支出如何造成**繁榮**。但是這次，不太靈光。

實質GDP（以2000年幣值計）

兆美元 $

1975 1976 1977 1978 1979 1980 1981 1982 1983

畢竟，減稅幾乎完全造福到富人。

雷根的許多支出只是蒸發而已。
（他的政府裡超過130名官員遭受調查、起訴或定罪，創下新紀錄。）

此外，1982到1983年雷根加稅，直到除了富人以外大多數民眾都
比卡特時代繳了更多稅（但是雷根的預算從未接近收支平衡）。

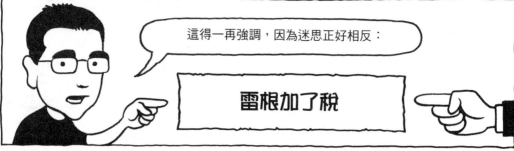

這得一再強調，因為迷思正好相反：

雷根加了稅

雷根的赤字支出沒造成太大繁榮的主要理由，是在神秘的**聯邦準備理事會**。

聯邦準備理事會（FED）

如同我們在91頁所見，聯準會控制貨幣供給。換句話說，它掌管**貨幣政策**。

聯準會可以憑空創造出有錢的銀行帳戶；美元就是這麼來的。

為了讓貨幣進入流通，聯準會在**公開市場運作中買東西**。通常是買政府公債。

要把貨幣**撤出**流通，聯準會就**賣**東西回去。

聯準會增加或撤出貨幣直到**資金利率**──銀行間互相收取的隔夜拆款利率，對貨幣供給改變非常敏感──移動到聯準會想要的水位。

偶爾，聯準會改變所謂**折扣率**，銀行直接向聯準會借錢所付的利率。

高利率不鼓勵借錢，也不鼓勵消費。所以當聯準會提高利率，就是壓抑經濟。

降低利率讓經濟擴張；這個效果沒有壓抑經濟那麼好，道理就像拉扯氣球的繩子肯定會讓它下降，推繩子比較難讓它上升。

訣竅在於時機──撤出資金冷卻繁榮或在發生衰退之前把錢放回去。

大蕭條時期，聯準會完全做錯了：它在1920年代用錢淹沒經濟，卻在1930年代初期把錢撤回來。

所以保守派才說大蕭條完全是政府的錯，其實不然。

從1940到1960年代，聯準會大致做對了。但是在1970年代的停滯性通膨中，最佳對策不明朗，聯準會承受到兩方面的壓力。

通膨很高！調升利率吧！

失業很高！降低利率吧！

聯準會是獨立機構；它不必聽任何人的命令。當通膨在1979年來到13%，新任聯準會主席保羅·沃克自行出手。

該結束通膨了。

沃克調升利率，導致1980年的衰退，那是選舉年。

接著是雷根的赤字支出，這很可能帶動通膨。

你在幹什麼？

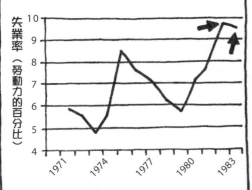

為了平衡雷根的錢潮，沃克調升利率到前所未聞的水準，引發了另一波衰退。

失業率（勞動力的百分比）

這樣終於打倒了通膨，直到人民不再**預期**物價上升。所以雖然民眾說雷根終結了1970年代的通膨，這其實要歸功於沃克。

或是我，任用沃克的人。

當然，大家都已經知道一場夠慘的衰退會終結通膨。

如果大家沒有錢，就無法付出更高價格！

問題是值不值得。畢竟，通膨很煩人，但是失業會死人。1976年有項國會研究估計每當失業率上升1%就表示：

多495人死於肝硬化

多628人被殺

多920人自殺

多3440人被關進各州監獄

多4227人被送進精神病院

多20240人死於心臟病或中風

總之，當雷根在1983年**加稅**，沃克引導利率下降；1984年算是真正的好年頭，也是選舉年。

政府仍然赤字運作，所以聯準會養成習慣，一有通膨或失業率上升的**徵兆**就踩剎車；6.5% **失業率**在雷根時代被重新定義成「完全就業」。

綜合雷根的赤字支出與聯準會的貨幣緊縮效果，我們就懂了**雷根經濟學**的基礎。

1. 政府花很多軍費，還有對大企業的其他優惠與補貼。

2. 富人與他們擁有的企業只付低稅率。

3. 政府從稅收籌不到的錢必須舉債……

4. 還要付利息。

5. 這麼多借貸讓聯準會緊張通膨，所以它刻意拉高利率，所以政府付了較多利息。

6. 同時，一般民眾照付1970年代的高稅率，加上額外的稅捐。

7. 政府「無力負擔」多花錢在人民身上……

8. 高利率造成了高失業和低工資。

9. 民眾儲蓄減少債務變多……

10. 又支付高利息去養車貸、房貸、商業貸款、學貸與信用卡債。

這一切有個後果：不斷成長的國債——以納稅人名義借的債
——沒有人知道（至今亦然）該怎麼辦。

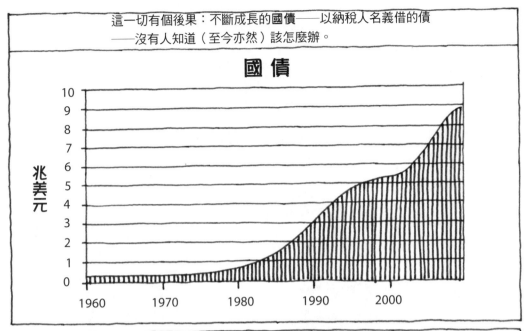

另一個後果：富人手裡的錢堆不斷膨脹，或許遠超過能夠投資在生產力所需。

我說「或許」是因為並不清楚有多少投資人試過尋找生產性的投資。
在1980年代，投機大行其道。華爾街重現了1920年代的繁榮。

金錢力量的復活

投機的標的之一：**垃圾債券**，就是債信不良有可能倒債的公司提供的借據，所以才稱作「垃圾」。**高風險**一向讓清醒的投資人遠離垃圾債券，但是高風險伴隨著**高利息**。投機者難以抗拒高利息；於是垃圾市場在1980年代爆發。

我們必須重申股票代表公司的**所有權**，才能夠理解接下來發生的事。當你買了一張股票，就擁有公司的一部分；買下夠多的股票，你就能控制公司。

幾十年來大企業的經理人都不擔心有人會這麼做。

> 誰有那麼多錢？

但在1980年代：

> 我可以借到錢！

華爾街

企業禿鷹會販賣垃圾債券，利用現金佔據一家公司，然後賣掉公司資產以籌錢償還債券──忽然間它似乎不是垃圾了──然後自己留下豐厚的利潤。

> 那不是我們的退休基金嗎？
>
> 已經不是了！

案例之一：1980年代初期，海灣石油每股股價40美元；以這個價位，海灣石油的總市值（**市場資本化**）會高達65億美元。但是該公司擁有的油田價值超過這個金額。

1983年，企業禿鷹布恩‧皮肯斯開始收購海灣的股票。海灣的經理人不喜歡皮肯斯；他們轉向雪佛龍求助，以每股80美元收購海灣石油。價格炒高讓皮肯斯和他的朋友賣掉股票賺了7億6千萬利潤，而海灣公司消滅了。

「這家公司在40元價位價值65億，在80元就價值130億。所以人人看得出來創造了財富。」——皮肯斯

在真實世界，除了紙上富貴之外很難看出創造了什麼。事實上，有的東西還被**摧毀**了。

「我以為我在一個偉大的社會機構工作。沒想到我付出了25年的人生，還有犧牲家庭的代價，只換來了幾張紙。」

海灣石油主管，在公司消滅之後說

換句話說，比起把紙上積蓄變成就業機會和投資，金融界做的事情正好相反，把職缺和投資變成了紙上財富。

為了擊退禿鷹，經理人必須維持公司股價高昂。

如果我們不拉抬股價，我們會被篡位然後開除。

同時，**退休基金和共同基金**在華爾街凝聚了許多個別投資人的力量，被華爾街利用。

華爾街

我管理的投資擁有你們這小公司的51%股權，我認為……

接著發生了**股東權益**（股價）的瘋狂炒作。

華爾街

根據華爾街（與某些經濟學家）說法，聚焦在股價上**很有效率**。

> 當我放縱我的貪婪要求更高的股價，我是在強迫公司經營得**更好**。貪婪是好事！

這在1960年代或許沒錯，當時典型的投資人會持股五年。但是到了1980年代，股票買賣越來越快，電腦負擔了越來越多的實際交易工作。

買賣
買買
賣買
賣賣
買

華爾街越來越專注在**炒短線**。

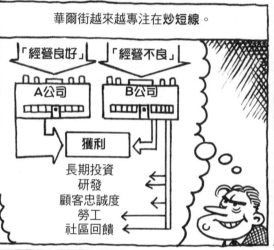

「經營良好」　「經營不良」

A公司　B公司

獲利

長期投資
研發
顧客忠誠度
勞工
社區回饋

而討好華爾街意味著：

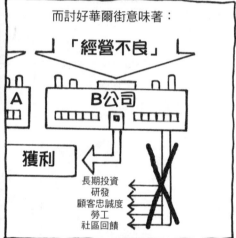

「經營不良」

A　B公司

獲利

長期投資
研發
顧客忠誠度
勞工
社區回饋

還有些事無論是否能增加利潤，似乎能討好華爾街。例如**購併**。或是**裁員**。

> 抱歉！公司無法負擔你們的薪水！

> 可是我們有賺錢啊！

> 那你的薪水呢？

> 還有你的鉅額紅利呢？

> 還有你搭公司飛機去度假勝地「出差」呢？

金融界應該這麼做是一回事……

紙上財富

公司

實體投資

但實際上做的是另一回事：

關閉

實體投資

紙上財富

得指出的是，這種股價競爭一點也不像我們在23頁看到的自由市場競爭。

漸漸地，大企業不再競爭提供價格便宜的好產品；他們競相壓榨短期利潤以爭取華爾街的青睞。

我們競爭不是討好你。

我們競爭是要榨乾你。

賺大錢的方法之一：叫政府給你錢。

$643.⁰⁰

$2,043.⁰⁰

雷根時代國防部付給軍火承包商的實際價格

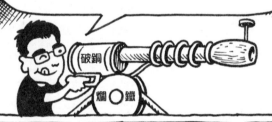

想想雷根的星戰飛彈防禦系統。直到2011年，花了二十幾年和一千億美元之後，它仍然擋不住任何一顆飛彈（反正也沒人會向美國射飛彈）。除了把納稅人的錢輸送給軍火承包商之外毫無道理。

破銅

爛鐵

州與地方政府也逃不過。企業世世代代都是他們社區的一員——在某些案例還是社區的創造者——卻在別的地方得到更優惠條件就開始撤離。

把就業機會帶來這兒！減稅一千五百萬外加補貼！

三千萬！

三億！

如今，許多大企業的獲利完全來自納稅人。這叫做獲利私有化，虧損社會化。

阿拉巴馬州為了1500個職缺提出的條件（每個職缺20萬美元）

這麼專注讓華爾街開心，表示紙上財富上升比實體財富快，這正是**泡沫**的良好定義。

1987年10月19日，泡沫破了。道瓊指數大跌**22%**，比大蕭條時期任何單日跌幅還慘。

新任聯準會主席艾倫·葛林斯潘用便宜債信淹沒市場，阻止了崩盤但也讓泡沫重新充氣。

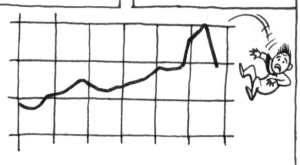

在1980年代，政府拯救華爾街變成常態。

1982： 首次真正的第三世界債務危機
1984： 大陸伊利諾銀行國有化（而非讓它倒閉）
1984： 墨西哥
1987： 股市
1989： 儲貸危機（S＆Ls）
1991： 新英格蘭銀行
1994–1995：又是墨西哥
1995： 日本銀行
1998： 整個該死的金融業

族繁不及備載

金融業者看出了模式：

如果我瘋狂冒險而且成功，獲利自己賺！如果我失敗，政府會紓困！

所以華爾街更大膽冒險，也就是政府很快又出面救援，沒完沒了。

別讓政府來煩我們！

沒多久，**保持泡沫充氣**就變成政府的優先議題。

玩弄金融工具

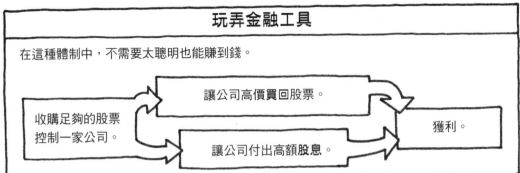

在這種體制中，不需要太聰明也能賺到錢。

收購足夠的股票控制一家公司。

讓公司高價**買回**股票。

讓公司付出高額**股息**。

獲利。

我們來看看回購股票。從1981到1996年初，非金融企業回購了比發行量多7千億股的股票。這些錢原本可以用在繳稅、發薪水或長期投資。

欸，你不是應該幫我提供資本嗎？

華爾街

當然，金融不是永遠這麼簡單，或這麼沒用。想想**衍生工具**，基本上就是賭博。

賭博可以幫忙**管理風險**。擔心油價的巴士公司可以到衍生工具市場下注油價會漲。

華爾街

如果油價**沒**漲，巴士公司會輸錢。

但是我有便宜汽油，所以沒事！

華爾街

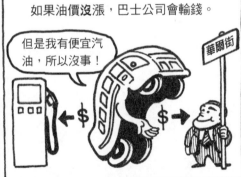

如果油價上漲，賭贏的錢可以彌補成本。

華爾街

衍生工具——尤其比較複雜的那些——的規範相當**鬆散**。

這樣它們才可以比政府干預更有效地管理風險！

因為法規很少，華爾街的大半時間都用在構想日益複雜的**金融工具**，或讓你下注的新方式。

遠期外匯！

短期交換！

利率交換選擇權！

信用違約交換！

美元計價的日經指數跨式選擇權期貨！

衍生工具在1980年代變得複雜到你算得出實際價值就可以得諾貝爾獎了。

$$A = \sqrt{rs - c^2}$$

最後，連諾貝爾等級的大腦都做不到了：1998年，長期資本管理公司，董事會有兩名諾貝爾獎得主的基金公司，下錯了賭注，幾乎拖垮了整個金融界。

幾乎啦。

衍生工具市場失去管理風險功能，變成了風險的來源，這一點也不意外：這是個**不受監管的大賭場**。如同凱恩斯在1936年已經警告的：

「當一個國家的資本發展變成賭博活動的副產品，正事很可能會搞砸。」

衍生工具變得越來越**複雜**；既然連1990年代的諾貝爾獎得主都搞不懂了，我們可以說現在沒有人完全了解。

我們也可以說發明這些東西的金融業者比購買的民眾**更**了解產品。這種**資訊不對稱**簡直是公開鼓勵詐騙。

相信我！

但是我們有點離題了……

華爾街

回到狂撒鈔票、貧血成長（除了其中一年）、稅負從富人**轉移**到窮人與中產階級、政府必須不斷紓困金融泡沫的雷根時代。

雷根經濟學萬歲。

浩劫過後的美國：雷根的遺產

喔，而且貧血成長的結果沒有**分享**。

不管你看什麼統計數據，在1980年代**只有**富人更富，而且你越有錢，賺得越多。

水漲遊艇高！

至今我們仍在為這些惡果付出代價——例如，國債……

加上**外債**。雷根上任時，美國是全世界最大的債權國。很快就變成了世界最大的債務國。

更不用說荒廢了基礎建設、刪減教育經費與致力於立即獲利的環保政策了。

未來的子孫怎麼辦？

「我不確定在上帝復臨之前我們還能活過幾代。」

詹姆斯・瓦特，內政部長（1981–1983）

其實，雷根受人懷念的理由之一是帳單到期時他已經走人了。所以我們繼續看下一任政府：老喬治・布希。

儲貸機構的混亂

雷根造成而老布希必須收拾的問題之一：**儲蓄貸款機構（S&Ls）**的管理不良。
直到1970年代，按照法律，儲貸機構都是以規定利率借錢給當地房貸的社區銀行。

儲貸機構會借入短期資金並長期貸出。

這很合理，因為短期貸款風險較低，所以利率較低。當短期貸款到期，儲貸機構可以進行新的低利借款以償還舊債。

但在通膨的1970年代，利率上升。儲貸機構必須付更多利息借用鎖定在低息房貸的錢。

卡特總統稍微鬆綁了儲貸機構，但是還不夠。接著雷根**完全**鬆綁……

儲貸機構隨時可以自由投資，不只做房貸！市場會供應所需！

呃，完全**不是**這麼回事。雷根廢除了讓儲貸機構必須用存戶的錢**謹慎**投資（原本，儲貸機構用存戶的錢做任何投資都必須連帶投入**自有**資金）的新政法規。雷根沒有廢除新政的**存款保險**。

所以這下子：

任何人都能買下一家儲貸（股價便宜得很）並接受存款……

用存戶的錢（而非自己的錢）瘋狂冒險……

如果賺到錢就留著……

萬一出差錯就讓納稅人償還存戶。

附帶一提，這是我在雷根的鬆綁下能找到的唯一模式的範例。妨礙強大利益團體的法規都消失；協助強大利益團體的都保留，甚至**變本加厲**。似乎真的就是這麼簡單。

可預期（也真的有人預料）的結果：儲貸機構到處倒閉。償還存款戶花了納稅人大約**五千億美元**，這是舉債來的。我們至今仍在還利息。

在儲貸機構紓困與雷根的債務利息夾縫中，剩不了多少錢，什麼事都沒辦法做。

我希望被稱作**教育總統**！

那就要花錢改善學校。

你不懂：我希望被**稱作**教育總統。

老布希時代也有一些**好消息**……

冷戰的終結

雷根復甦了冷戰意識形態，想像全世界的共產黨正陰謀準備隨時出擊。

事實上，蘇聯光是維持現狀都有困難。

邪惡帝國！

例如1980年，波蘭（從二戰結束後都是蘇聯附庸國）在團結工聯領導下發生一波全國大罷工。

你看看：工人罷工反對共產黨！

波蘭罷工者要求工人自治等事項。

自治聽起來或許有點烏托邦，但是不然。二戰後逃過史達林魔掌的共產國家南斯拉夫就是這樣經營工廠，而且在1980年代，南斯拉夫製汽車以Yugo品牌在美國上市。

以1945年大半是農場廢墟的小國家來說，表現不錯！

沒錯，Yugo是美國市場上最爛的車，不過重點是它好得足以上市，早在南韓開始出口汽車之前。

自治在資本主義經濟體也行得通──例如，員工入股。

簡單！

自治不是魔法；企業經營多多少少都是一樣的道理。

怎麼了？

我們把我裁員了！

救命！

但是自治可以避免一些常見的錯誤。

嘿，要不要付我一千倍你的薪水，但是啥都不幹？

呃……不行。

如果自治設計得正確，員工比較有動機去解決**問題**，而非只是摸魚打混，領錢，然後回家。

這是反對自治的主要理由：

員工無法處理經營一家大企業的**複雜事務**。如果你讓他們負責，他們會為了短期利益洗劫公司直到它倒閉。

華爾街

咚咚咚

但是你可能主張**這樣**比較接近事實：

金融業者無法處理經營一家大企業的複雜事務。如果你讓他們負責，他們會為了短期利益洗劫公司直到它倒閉。

華爾街

噠噠噠

真的,我認為自治不受歡迎是因為威脅到現有的**權力架構**。所以蘇聯並不打算嘗試。

不過,蘇聯在1981年**鎮壓**團結工聯缺乏以往的力道……

我們入獄,但是我們活著!

這是蘇聯與附庸國**不知所措**的徵兆;由上而下的經濟需要明確的**方向**,而蘇聯已經失去方向。

我們在十年內工業化……

重建我們的國家……

然後呢?

不如多點自由吧?

我們打敗希特勒……

達到了還可以的生活水準……

不……這樣不行。

沒錯,蘇聯保持物價低廉。

那不是好事嗎?

但價格是一種配給的形式。商品不是賣給願意多付錢的人,而是賣給願意**等待**比較久的人。

不必競爭，就不需要有效率。到了1980年代末期，
蘇聯造紙業做一張紙要耗費芬蘭造紙業多**七倍**的木材。

唯一真正的活力來自弱小的私有部門。

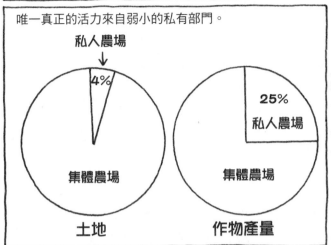

私人農場

4%

25%
私人農場

集體農場

集體農場

土地

作物產量

指出任何弊病仍然
可能讓你坐牢。

然後1985年改革者米海爾·戈巴契夫
（1931-）上台，接管了蘇聯。

政治Glasnost（開放）！
經濟Perestroika（重建）！

當戈巴契夫向西方求和，雷根抓住機會。

什麼？

不會吧……

東歐人開始推翻他們的傀儡政府。
1989年柏林圍牆被拆除。

兩年後蘇聯就**解體**了，
戈巴契夫也失業。

蘇聯的崩潰留下一團混亂；後續國家需要馬歇爾計畫那種規模的援助。

你們都看著我幹嘛？

「世界最大的經濟體」，記得嗎？

明顯的財源之一：

冷戰結束，我們不需要龐大又昂貴的軍隊了！

我們會有大筆的和平紅利！

1990年，老布希總統宣布大幅刪減國防預算，但是隔天伊拉克獨裁者薩達姆・海珊就入侵了科威特。

糟糕。

伊拉克

科威特

沙烏地阿拉伯

到了後續的波斯灣戰爭結束時，裁軍的事已經被遺忘。

「我們欠薩達姆一份情。他讓我們省下了和平紅利。」
——布希政府官員

所以美國保留龐大的軍力，即使沒有值得戰鬥的敵人。

「我的魔鬼快用光了。我的壞蛋快用光了。我只剩下卡斯楚和金正日。」

柯林・鮑威爾，參謀聯席會議主席（1989–1993）

這些經濟學家送給你們吧！

沒錢可以援助前蘇聯國家了。

第一次波斯灣戰爭也讓老布希總統大受愛戴，但是隨著美國經濟下滑而流失。

笨蛋，問題在經濟

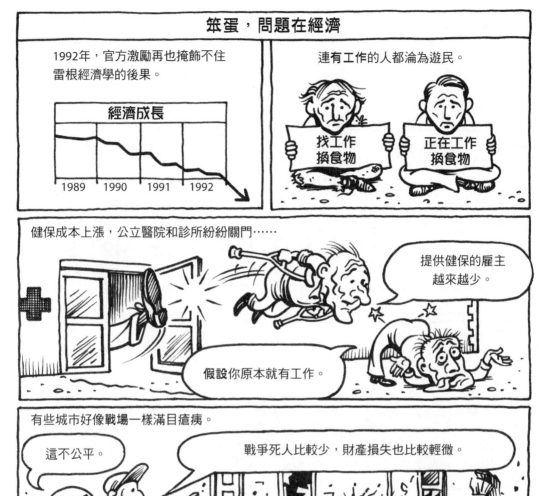

中產階級萎縮……

同時上流階級把自己封閉在矛盾的「密閉社區」裡。

偏執農莊

窮人
禁止進入
除了
僕人和警衛

政府的負擔仍在成長。

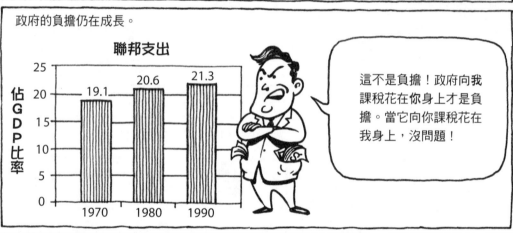

聯邦支出

這不是負擔！政府向我課稅花在你身上才是負擔。當它向你課稅花在我身上，沒問題！

佔GDP比率

25
20
15
10
5
0

19.1　20.6　21.3

1970　1980　1990

民主黨的比爾‧柯林頓訴求深層的不滿情緒，贏得了1992年總統大選。

笨蛋，
問題在經濟！

癱瘓的總統：柯林頓

在柯林頓總統就職之前，聯準會主席艾倫‧葛林斯潘和
財政部長勞勃‧魯賓就說明華爾街優先。

如果你花錢在這些事情上，我會擔心通膨，提高利率，讓經濟停擺。

而且債券交易員會更擔心赤字，不肯出錢買政府公債。

反正你不會有多少錢可以花。

「你是說經濟計畫的成功跟我的連任，全得靠聯準會和一群該死的債券交易員？」

對！

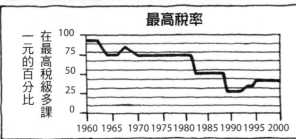

最高稅率

在最高稅級多課一元的百分比

大到連金融業者都擔心的赤字成為第一要務。柯林頓的初次預算案就對富人加稅。最高稅率調升到39.6%。

柯林頓的下一個要務是：

227

健保

在1960年代左右，除了美國之外每個工業化國家都有普及化、政府經營的健保系統，美國的健保多半交給民營企業。

民營企業表示有競爭，競爭才有效率！官僚體系不要插手醫病關係！

私人醫師沒什麼不對，但是在1990年代，民營保險公司並不太用低保費與好服務競爭來討好顧客，反而競爭用高獲利來討好華爾街。

賺錢方法之一：從一開始就阻止真正需要保險的人加入。

尖峰健保公司

不收病人

另一個方法：不給給付。

否決
否決
否決
否決

篩選顧客和抗拒給付都要花工夫，所以管理成本很高。

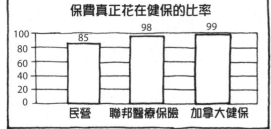

保費真正花在健保的比率

	民營	聯邦醫療保險	加拿大健保
	85	98	99

這還是假設你有保險的情況。

醫院

你不知道健保是配給的嗎？只給那些出得起錢的人！

到1990年代，顯然必須做點什麼了。

柯林頓的計畫由第一夫人希拉蕊・柯林頓主導，是官民合作制，沒人滿意而胎死腹中。

可是這個計畫保障很多！

沒有給我吃到飽！

健保

健保更加惡化，官僚們——抱歉，「主管們」——老是介入醫病關係。

我把你的手術排在——

咳。

我是說，阿斯匹靈給你。再見。

就這樣拖到1994年，當時艾倫・葛林斯潘仍是聯準會主席，沒有明確通膨就調升了利率……

所以在1994年期中選舉幫共和黨贏得了國會參眾兩院。

新科議員都是保守派革命的忠實信徒。

政府向來沒用！根本不該存在！

除了付我薪水的時候！還有給我優質健保！

格洛佛・諾奎斯特，知名保守派運動人士

值得一提的是從新政到1970年代，政府政策無論有何缺陷，都是用來創造廣泛的民間財富，也確實成功了。從1980年代起，政府政策是用來把財富集中在少數人手裡，而且做到了。並不是政府沒有用——而是我們不該假設政府為人民工作。

「我不想廢除政府。我只想讓它縮減到可以把它拖進浴室、在浴缸裡淹死的規模。」

國會和白宮對立，使政府有點癱瘓。所以雷根經濟學的問題原封不動；有的還更惡化。

贏家全拿的經濟

柯林頓時代創造的財富多半流向頂端的一小撮人，所以**貧富差距擴大**。

些許不平等還OK。如果我們無論如何都是相同收入，我們可能根本懶得工作。

很多現代化產品剛開始都是奢侈品──如果沒有富人願意買，或許根本就不會做出來。

富人買某樣東西

⬇

製造商改良之後讓它更便宜

⬇

最後大多數人都買得起

但是，在1970年代就相當不平等，當年典型的CEO賺的是一般工人的**40倍**。到了2000年，擴大到**500倍**。

更別提現在他繳的稅比我們**還**少了。

賺那麼多錢的人堅稱：

我**需要**它當作全力以赴的誘因，這是我應得的，因為我創造了很多財富！

我們來看看迪士尼CEO麥可·埃斯納。1988年他是全美國最高薪的主管；他賺了四千萬。

1998年，他又登上第一名，但這次他賺了5億7千5百萬。很難相信額外的錢能夠讓他更努力工作。

你1988年在偷懶嗎？

當然不是！

此外，很難相信埃斯納產生的價值，會大過於每年用5億7千5百萬所能夠雇用的一萬名教師。

那我們給CEO這些額外的錢買到了什麼？並不多：原來主管的薪水跟他們的工作績效並沒有實質的關係。主管的酬勞只反映出他們要錢的技巧！

連額外的錢是否讓**收到的人**更快樂也不明確。例如，埃斯納在1988年及1998年名列前茅，這才重要。

抱歉！

額外金錢唯一的明確效果：傲視群雄需要做更顯眼的消費。

你看！

炫耀式消費會影響**大眾**。1970年代，大亨們才擁有一萬平方呎的住宅；到了1990年代，**中階官員**就有這種房子。

你看！

「連富人的愚行跟言論都很時髦，而大部分的人以模仿與類似他們自我羞辱與作踐的本質為榮。」
——亞當・斯密

揮金如土——例如搭私人飛機越過全美去打幾洞高爾夫——的人相當可笑……

你看！

只是他們浪費的不只是**他們的**財富——也是我們的。

所以我們又要談到另一件柯林頓沒處理的事……

暖化的地球

燃燒化石燃料會把氧變成二氧化碳。

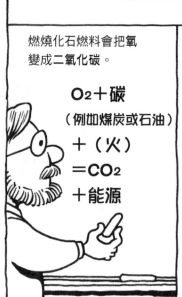

$$O_2 + 碳$$
（例如煤炭或石油）
$$+ （火）$$
$$= CO_2$$
$$+ 能源$$

CO_2不是毒藥。植物會呼吸它，它能保持地球溫暖，就像溫室的玻璃。

從工業革命以來，我們釋放了很多原本鎖在煤炭與石油裡的碳。

到了1980年代末期，地球顯然在暖化。暖化聽起來不錯，除了洪水、氣候模式變遷、農作歉收⋯⋯

種稻米的最佳天氣。

可惜我們種的是小麥。

柯林頓的副總統，艾爾·高爾，比大多數人提前醒悟全球暖化的危險。但他和柯林頓在任時都沒做什麼事。在某些方面還開倒車。

例如，**休旅車**在1990年代出現。它耗油量高到違反1970年代以來的小客車法律，但是有個**法律漏洞**讓它被歸類為輕型卡車。

我改天可能需要它在野地行駛！

這是刮痕嗎？

合理的辦法就是**封閉漏洞**，但是休旅車對各大車廠而言非常好賺。

還有石油公司！

企業霸權（又來了）

我們很容易指望政客們會挺身對抗大企業，但是大企業有錢，而競選開銷一年比一年高。

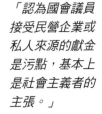

「認為國會議員接受民營企業或私人來源的獻金是污點，基本上是社會主義者的主張。」

紐特·金格瑞契，共和黨籍眾院議長（1995–1999）

例子：早在1938年，有個雷夫·迪爾斯競選加州州議員。他的競選活動花了200美元。

支持迪爾斯

1994年，迪爾斯贏得他的最後一次連任；競選活動花了**1千2百萬**（扣除通膨後變成600倍）。

支持迪爾斯

只有大富豪和大企業有這麼多錢可以給。

錢不只會說話；還會投票！

每當兩家大企業**合併**，兩個強大實體就變成**更強**大的一個。柯林頓阻止了一些合併，但也放過了一些。

他甚至讓艾克森和美孚，標準石油最大的兩個部分，重新合併。

洛克斐勒　老羅斯福

不過，柯林頓時代的情況原本可能更糟……

短暫的喘息：柯林頓繁榮

柯林頓削減政府浪費，找了些錢作社福計畫，擴張**薪資所得租稅抵減制度**，直到有工作的窮人得到適當的補貼。

赤字持續縮減，經濟繼續成長。1990年代末期，美國瞥見了**繁榮**——低失業，工資上升，犯罪率下降……

有沒有發現犯罪率**下降**時是因為經濟好，但犯罪率上升時每個人都責怪我們（黑人）？

1990年代末期甚至出現了1960年代以來的初次**政府盈餘**！

但是繁榮的意義已經不如從前。在許多中產家庭雙親都工作不是因為選擇，而是**必須**。在2000年，典型已婚有小孩的夫婦每年要比1969年**多**工作**20週**。

我們不必待在家裡帶小孩真好！

雖然我希望我可以。

我希望我**老公**可以。

另一個對應方式：租公寓之前、結婚之前、買房子之前**工作久一點**……等到人們站穩腳步準備成家，可能**太遲**了。

人工受孕

我們達到**經濟**成熟時，**肉體**成熟已經過去了。

如果中產階級都在掙扎，窮人怎麼辦？作家芭芭拉·艾倫雷赫不像大多數人只描寫窮人故事，而是**體驗**他們的生活。

快點！

她發現即使在繁榮中，即使兼兩份工作，幾乎**不可能**改善生活。

快點！

當民眾必須兼做不止一份低薪工作，有些辛苦爭取來的保護變得沒有意義。

35小時/週
沒加班費

35小時/週
沒加班費

餿水漢堡

很多人只能找到這種低薪工作。2000年，全美最大的**雇主**不再是有中產階級工會的通用汽車——而是**臨時派遣公司「萬寶華人力資源公司」**。

最大的**公司**變成沃爾瑪，他們的工資低到有時候員工符合**社會福利**的資格。

沃爾瑪還幫我們申請低收入戶補助。

所以納稅人負擔了我們一部分工資！

「*這個狀況一點也不好玩。很糟蹋人。*」——紀錄片《沃爾瑪：低價的高成本》中引述沃爾瑪員工說

但是，柯林頓經濟仍是大多數人記憶中最健康的經濟。

保守派並不打算讓柯林頓居功，所以他們推崇艾倫・葛林斯潘。

真的，1994年以後葛林斯潘多半只是維持匯率穩定而已。

這點他確實有功勞。葛林斯潘隨時都有升值的壓力。

失業率低於6%！太低了！

工人會要求加薪！

那會引發通膨！

葛林斯潘心想既然柯林頓縮減赤字，他可以放鬆一下。

我放鬆油門；你可以放鬆剎車。

嗯。

他也看出了**生產力**，勞工每小時的產出在上升。如果勞工生產增加，即使工資高一點也OK。

至少稍微高一點。

確實長期而言，勞工唯有多**生產**才能多賺錢。但是即使生產力上升，工資卻停滯了。意思是企業每單位產量付出較少工資。省下的錢並未反映在降價，只算成獲利。亞當·斯密又說對了：

工資 vs. 生產力
（1951年 = 基數100）

生產力

工資

「我們的商人和大製造商經常抱怨高工資對抬高物價的壞效應。他們對高獲利的壞效應絕口不提。他們對自己利益的惡性效應保持沉默。他們只抱怨別人獲利。」
——亞當·斯密

換句話說：

我們把餅做大了，但我們沒有分到更多餅。

剩下的餅到哪裡去了？

嗥哩嘩啦

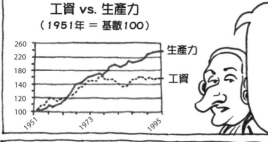

生產力在1990年代確實有一陣子快速上升，或許因為人們無薪加班。也可能因為**電腦**，尤其是**網際網路**的幫助。

「新經濟」

長久以來大家都認為，總有一天會出現電腦的大網路。這個網路可能輕易變成**中央集權**，由政府或大企業經營。

但是冷戰期間，美國軍方設置了一個**分散化**的電腦網路。

比較難摧毀！

日積月累，政府、企業和大學都加入這個網路。1990年代初期，檔案互相連結的World Wide Web被研發出來，忽然間這個網路──現在稱作Internet──門戶大開。

資訊是免費的！

分散化和低成本讓網際網路成為**平等的競技場**……

我可以使用！

我也能！

大企業可以在此展示他們的敏捷和創業精神。

我會的！只要我成立小組委員會向專案組報告去調查組成工作小組的可能性……

趁老牌企業慌亂時，新公司紛紛搶佔這個新領域。

某些新成立的「dot-coms」表現非常好，投資人醒悟他們的潛力。1995年，有家叫做網景（Netscape）的公司做出了早期的網路瀏覽器，率先**公開上市**向大眾釋股。網景預期賣到每股28美元；首日收盤時，股價飆到了75美元。

情況很快陷入瘋狂，但是至少金錢從儲蓄流向了實體投資而非相反。華爾街說得對：網際網路**就是**革命。

那是因為大多數科技延伸我們的**實體**力量。

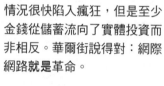

但很少延伸我們的腦力。

從單機電腦到網際網路的大躍進很可能就像從手寫躍進到印刷一樣重要。

但是革命需要時間；網路股交易熱絡得好像未來已經**來臨**了。

十元！

一百元！

五百元！

太專注在網路革新**商業的**潛力，可能阻撓它革新**其他**領域的潛力。

新大眾

在152–154頁，我們看到規模經濟導致一小撮菁英向所有人提供資訊、新聞與娛樂。

有線電視頻道眾多，如果每個頻道都有不同的老闆，有可能改變現狀。但是到了1990年代末期，少數幾家公司擁有幾乎所有媒體。

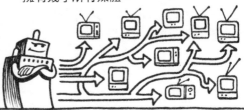

網路就不一樣了。

幾十年來頭一遭，普通人也能聽見別人的意見、回覆、爭論……

總好過對著電視叫罵！

並且**自我組織**不用靠階級體系。

你們都去我就去。

你們都去我就去。

有人去我就去。

多虧有網路，分散化組織如雨後春筍般出現；在1999年的**西雅圖**，當一項**抗議活動**突然來勢洶洶讓很多人驚訝。

我們去吧。

他們是去抗議世界貿易組織（WTO）的會議，那是134頁的關稅暨貿易總協定的後續機構。

WTO的使命跟GATT一樣：促進低關稅與大量貿易——換言之，**全球化**。

其實全球化聽起來**不錯**。要了解抗議者在抗議什麼，我們必須回到1980年代。

一體通用：全球化

在1980年代，保羅·沃克**緊縮**美元，許多第三世界國家難以償還在金錢氾濫的1970年代借的債。於是**國際貨幣基金**出面協助。

你可以用這筆貸款償還銀行！

所以基本上你是把錢給你自己的銀行。

然後銀行借錢給壓迫了我們幾十年的獨裁者。**我們幹嘛要還錢？**

不客氣！

這種援助有所謂結構**調整**的附帶條件。

如果你要這一筆錢，這次必須證明你會表現得負**責任**，不會再陷入困境。

在1980年代，IMF充滿**新自由派**。結構調整其實就是採行**新自由主義**。

· 把公營事業賣給民間金主（民營化）
· 對富人與企業減稅
· 減少公共支出（除了軍費）以維持預算平衡
· 一切都鬆綁
· 自由放任！

結構調整很難拒絕：世界銀行、私人金主、企業、美國財政部，甚至慈善捐款人都會迴避IMF認為不健全的國家。

但是，民眾**痛恨**結構調整，IMF也知道。所以計畫的一部分是**有限民主**，意思是經濟計畫**不受民意影響**。

你可以選舉任何人來主持政府，但是政府不能碰經濟！

政府　　經濟

你懂什麼叫民主嗎？

即使觀念是對的，把你的觀念強加在別人身上就是錯的。但是結構調整經常引發**經濟危機**，所以這些國家需要**更多援助**，附帶**更多條件**，條件越來越瑣碎。

墨西哥：
調漲大學學費

海地：
基本工資設限

坦尚尼亞：
水源設施賣給民營公司

接著發生更多危機，沒完沒了。

「*中產階級迅速消失，少數富人的垃圾山成為大量卑賤窮人的餐桌。*」
——費德莉絲·巴洛岡，奈及利亞作家
（奈及利亞1980年代接受IMF援助）

到了1980年代末期，新自由派應該**注意到了**他們的主意經常失敗（或像智利一樣，在他們被**放棄**之後才「成功」）。但是，並沒有。

任何問題都只是暫時的。

轉型或許痛苦，但是長期而言是值得的。

正是這些論點曾經被用來解釋**馬克思主義**的失敗。在這方面，馬克思主義者和新自由派都專注於理想的經濟應該如何運作，而非**真實**的經濟如何**運作**；兩者也都認為他們的觀念只要排除政府就能實現。

此外，兩者**夢見的**理想都是誤認大衛·李嘉圖的模範經濟——或它的衍生物——等於真實世界。（早就告訴你李嘉圖很重要了。）

恩格斯

該死，差點分不清誰是誰了。

危機會引發革命，然後國家就會萎縮。

「*深刻危機的政治經濟經常引發激進的改革，帶來正面的結果。*」
「*確實，當危機惡化政府可能逐漸萎縮。*」

麥可·布魯諾，世界銀行的發展經濟學首席經濟學家
（1991–1996）

所以新自由派的悽慘成果並未讓他們放慢腳步。1990年代，蘇聯瓦解，前蘇聯國家從李嘉圖式的意識形態直接跳到另一種。

解放整個經濟，全部一起！

這是**休克療法**！

每次都有效！

真的嗎？

結果是休克多於治療，尤其在俄羅斯。最後少數**寡佔者**擁有了大型產業……

而其他人則發生經濟崩潰，基礎設施失靈，甚至**壽命縮短**。有個笑話說：

共產黨形容的共產主義都是**假**的。但他們形容的資本主義都是**真**的。

當俄羅斯國會看來準備好嘗試新路線，俄國的民主實驗被終結（在西方的祝福下）。

俄羅斯總統兼企業家的盟友，波里斯・葉爾欽，在1993年攻擊俄羅斯國會

當然，前蘇聯國家早在新自由派抵達之**前**就搖搖欲墜了。原則上，IMF通常只會在國家已**經**有問題才出面。不過，我還是很佩服IMF和其他機構能夠一直做**錯**事情。

但我不是大銀行或大企業。如果我是，我可能會認為IMF幹得漂亮極了。

從窮國到富國曾經有良好的金錢流動。

第三世界償還先進國家貸款

先進國家援助第三世界

大型**跨國企業**可以自由搬錢跨越國界，搞到最後不曉得哪個國家才有權課稅。

才怪。

抱歉，我的獲利都是在開曼群島賺的。

跨國企業也收購**公共事業**，收取市場能忍受的價錢……

企業
公共
自來水

請投幣

從危機四伏、渴望就業機會的國家取得好條件。

把工廠設在這裡！兩年免稅！

五年免稅，我們絕對不會檢查工廠！

七年，不稽查，還可以用我們的軍隊當打手！

所以第三世界，被**推銷**自由市場競爭理論……

檸檬汁

5分錢

IMF

得到了強大的企業……

檸檬汁

5分錢

IMF

卻**沒有**發展出制衡他們的機構，例如工會、環保、職場安全法規、薪資與工時保障……

「典型的工廠……在宏都拉斯或尼加拉瓜、中國或孟加拉這類國家，被鐵刺網包圍。上鎖的大門裡面，主要是年輕女工在警衛監視下工作，警衛一有藉口就毆打與羞辱她們，如果強制驗孕時發現懷孕就開除她們。每個工人重複同樣的動作——縫皮帶環、縫袖子——或許每天兩千次。她們在刺眼的強光下工作，每班十二到十四小時，在悶熱的工廠裡，上廁所休息次數太少，喝水也受限制（減少需要上廁所的次數），喝的是不合人類飲用的生水。」

——喬爾·巴坎，《企業的性格與命運》（2004）

把工作外包很容易規避責任。

我無法追蹤我的東西怎麼製造的！

我猜你也忙得沒空記錄我買的東西、我的信用、我的網路習慣、你們員工按的每個鍵、他們上廁所多久、尿液裡有什麼東西……

有時候省下的錢回饋給消費者。例如電子產品，售價經常只比成本高一點點。

但是現在廣告很有效，某些產品的大部分價值來自其**形象**。

所以DVD播放機可能比一雙成本只有幾塊錢的球鞋還便宜：關於球鞋，你買的主要是**形象**而非鞋子。

領袖魅力

性愛 性愛 性愛

他指的是利潤

尊重

非買不可

「製造東西已經沒有價值了。」
——菲爾·奈特，Nike執行長

無論商品便宜或是昂貴，製造它們的工人都買不起；商品只在**富裕國家**銷售。

貿易障礙會摧毀整個體制，因此我們要回到世貿組織WTO。它在1995年簽約成立，作為排解貿易糾紛的論壇。常見的糾紛類型：某國家法律是否就像187頁所見那樣限制番茄大小的賤招。如果是，WTO可以撤銷法令。

但是WTO是閉門會議，強大的先進國家利益團體藉此為所欲為。

這種事情被稱作政策漂白——把不可能通過正常立法程序的政策放進條約裡，然後成為當地法律。

這一切表示西雅圖的抗議者言之有理。

我們不反對全球化；我們反對它的現行作法。

看來他們似乎觸動了敏感神經。

WTO會議中的人——
各國央行、商業領袖
與政客——不喜歡受
矚目；他們的反應是
在後來的會議更加保
密並加強安全措施。

抗議活動並未能阻止會議，
但至少讓世人注意到了有一
小撮人企圖不問我們其他人
的意見，就決定全世界的經
濟命運。

有一陣子，看來好像這會成為二十一
世紀的經濟議題：全球化的企業菁英
對抗全球化、分散化的反抗運動。

但是反抗運動光是對外傳達訊息都有困難；
大多數人的新聞來源仍然是傳統老媒體。

西雅圖抗議者只是「反對全球貿易」！

這些怪胎！

這句話出自迪士尼
集團旗下的ABC
News，迪士尼商
品都在第三世界的
血汗工廠製造。

政局大致照常推進。其實，在2000
年大選，政治倒退了一大步。新任
總統是小布希，老布希之子。

更多雷根經濟學：布希二世

小布希總統的一大要務：減稅。

盈餘

我們負擔得起減稅！

但在2001年，網路泡沫破滅。

前進華爾街　慶功宴

網路泡沫期間，華爾街獎賞建立容量以配合熱潮、不顧現實的電信公司。

我們幹嘛這麼做？

維持我們的股價高漲！

結果令人不敢置信。

「華爾街募集了1.3兆電信債並引發了1.7兆的合併風潮，收了150億的服務費。然後，集資派對結束。產業在高達2300億的破產與詐騙中崩潰，蒸發了2兆市值，加上1100億債務違約（全部違約的一半）。電信業主管們賺了180億之後裁掉了56萬個職缺。在2003年，建立的容量有96%以上閒置。」

——諾米·普林斯，前投資銀行家

人們讚揚「市場的魔法」時忘了這些災難。但即使我們把電信業交給世上最無能的蘇聯政治委員，我懷疑他能否搞得更爛。

我會做得更好，同志！

把一切交給市場機制的另一個問題：華爾街會開除交不出高利潤的經理人，如果成功則會重賞。

但是華爾街多半只知道管理階層告訴他們的。所以經理人有很大的誘因說謊。

我們績效很好！

利潤

支出

華爾街　華爾街

這是你的紅利！

2000年代初期，原來許多公司，包括恩隆（美國第七大的公司），是在不肖會計師和股票分析師協助下捏造獲利。

會計師和分析師都有類似格拉斯－史蒂格法案（117頁）防止的利**益衝突**。但是政府已經不在乎；格拉斯－史蒂格法案在1998年**被廢止**。

有些改革被啟動，例如**沙賓法案**（2002），讓執行長必須親自簽署他們公司的財務報表（執行長相當抗拒）。

> 我想你會負起個人責任吧？

但是最明顯的改革——讓企業向股東與稅務員呈報相同的利潤——根本沒人提起。所以企業仍有很大的誘因向兩邊說謊。

> 我們沒賺錢。

> 我們賺了**很多**錢！

總之，經濟疲耗並未改變小布希的減稅計畫，只是讓它合理化。

經 濟

> 等一下……

經濟在衰退！我們需要減稅刺激！

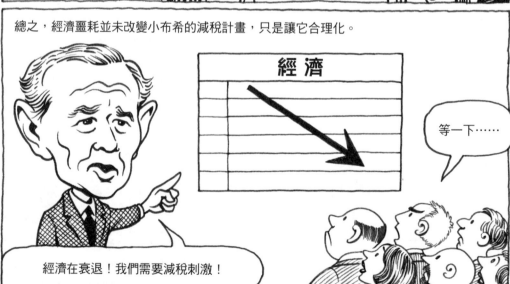

雖然措詞變得激烈，減稅仍陷入停頓。

「我想我們作為一個民族已經表現出我們並不認為
社會主義的某些形式是經營社會的辦法。」

保羅・歐尼爾，
小布希的
第一任財政部長

這傢伙當過鋁業巨人Alcoa的
執行長，他主導了**政府批准
對鋁的價格補貼**──那正是
「社會主義的某些形式」。

接著艾倫・葛林斯潘出面支持減稅。葛林斯潘通常只會打官腔，
但這次他表達出明確的警告，柯林頓的盈餘是**危險的**。

「我深深憂慮太多錢累積在聯邦政府手裡。到
了我們有現金盈餘的程度，政府會累積現金，
然後，這筆錢為了追求合理的報酬，必須投資
在市場上。政府做這種大規模投資，會讓經濟
政治化。沒有比這更糟糕的事了。」

葛林斯潘的演說
生效了：減稅案
通過，這就是柯
林頓時代的盈餘
變成現在赤字的
理由。

另一個原因是：

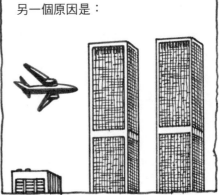

我們在很多時候都是錯的。

——艾倫‧葛林斯潘（2008）

第八章

今日的世界

（2001 年以後）

2001年9月11日，恐怖分子駕駛飛機衝撞五角大廈和世貿中心。

美國人民團結在政府之下。

「雖然多年來政治腐敗醜聞頻傳，雖然Gucci詐騙財政部一案充滿個人貪婪與掠奪的故事，雖然退出公共領域轉向私人特權，雖然窮人落魄潦倒而富人住在密閉社區，美國民眾還沒有放棄『我們人民』的觀念……彷彿時鐘倒轉回到六〇年代初期，在越戰與水門案的重創之前……」
　　——比爾‧莫耶斯，記者（2001年10月）

畢竟，我們在打仗。

這是**反恐戰爭！**

其中一些保守派政策：
大幅縮減伊拉克政府與國營企業……

你會製造出一大堆憤怒的失業民眾！

現在他們可以當創業者！

裁撤整個伊拉克陸軍…

打仗換食物

「我們真是啞口無言。現在有超過40萬個受過訓練、有家人要養的武裝男子。他們能去哪裡？他們該怎麼辦？我不知道。他們肯定也不知道。」
——Riverbend，伊拉克部落客

漠視公共機構…

博物館

要求伊拉克把石油交給西方石油公司……

我們自己採油賣油已經三十年了！

問題就在這裡！

創造一個沒有**權力**的「民主」……

愛選誰就選誰！但是當選的人不能碰經濟。

經濟
政府

讓伊拉克公司**競爭**重建合約。等等，不對，**沒**這種事。合約都交給了關係良好的美國公司。

連在伊拉克**監督**合約的職位都交給了民營公司。

天佑
雞舍

這裡沒問題！

民營化的**供應商**讓軍人動彈不得……

送食物來

送裝甲來

送防彈衣來

伊拉克

而伊拉克人幾乎什麼都**沒有**。例如，貝泰公司接獲合約重建伊拉克的電力系統。它亂搞了一下，領錢，然後回家了。

$

「花了幾十億美元在電力系統卻沒帶來任何改善很奇怪，而且事實上情況更糟了。」
——貝泰公司離開當週，某伊拉克工程師說

民兵填補了真空。

電來了！

謝謝你！

當外面搞得亂七八糟，他們似乎真的很**驚訝**。

讓政府別煩人民，自由市場和繁榮就會自動出現！

同時，負責人總是留在巴格達戒備森嚴的綠區……

救命

世界最大的封閉式社區！

這一切顯示，讓**痛恨**政府的人**主持**政府結果並不太好。

再次危急

說到這點，美國老家又實施了另一回合的**富人減稅**（2003）。

在戰爭期間？

「輪到我們了。」

不動產稅減輕，只有死掉的富人必須繳，還撤銷了股息稅……

R.I.P.

加上聯邦醫療保險的藥品福利（2004），迫使政府支付天價給各大藥廠。

減稅與瘋狂支出掏空了國庫……

赤字

十億美元

600
500
400
300
200
100

2001　2002　2003

因為沒什麼好秀的，連短期刺激都沒有。

每月就業機會增減（單位：千）

200
100
0
-100
-200
-300

1/01 4/01 7/01 10/01 1/02 4/02 7/02 10/02 1/03 4/03 7/03 10/03

艾倫・葛林斯潘仍是聯準會主席，瘋狂地連續砍利率。

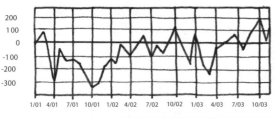

利率

即使低利率，借錢還是不夠用。

BILL

我們爆掉了！

當利率接近零，銀行家們開始想：

不如借錢給信用**不良**的人吧？

應該沒問題吧？

忽然間很多人發現他們可以借到足夠的錢買房子。

美國夢！

銀行

那些小字說什麼？

沒什麼。

次級房貸混亂

當然，信用不良的人可能不會還錢。繼續繳房貸才是瘋了。

沒問題。我們把它們賣掉！

可是誰會買？

呃，這樣吧，我們把房貸集中起來，切割成幾部分，宣稱所有還款優先償還某一部分，收買評等公司來認證，這般這般……

重點：一堆高風險變成了**看似安全的投資**。

買產品的人並不了解它……

歡迎
大笨蛋們

華爾街

標售

放款人都不是必須擔心**還款**的人。

你被核准了！

貸款

民眾買房創造了就業……

也推高了房價。許多屋主感覺變**有錢**；他們借更多錢買了更多東西。

富裕
生活！

銀行

借據

借來的錢只能撐一陣子；**工資**從柯林頓時代的高點跌回來。

「今天早上我賺的錢比29年前我的第一份工作還少。我第一份工作是1976年在通用汽車；我的起薪是時薪7.55元。今天早上，我快沒錢了，2005年，我只賺7元。沒有保險。他們說這叫繁榮。我說這叫奴役。」——傑洛，工人，在電視節目「30 Days」說

1976年，7.55美元可以買到在2005年用25.83美元買的東西。

破產者迅速倍增。

查封　查封　查封　查封

「我很驚訝這些人努力掙扎著不肯申請破產。多少人……沒東西吃，沒有處方箋，沒去找醫師；多少基本設施被切斷。這些人都是中產階級，有大學教育的人，至少曾經有過像樣的工作，買過房子，開比較新款的車子，建立了這種中產美國夢。如今夢想遠去，他們真的住在沒電的房子裡。他們會關掉電話。他們也沒水……」
——伊麗莎白·華倫，破產法專家，在紀錄片《信貸時代》（2006）表示

到了2007年，有些「安全的」房貸衍生投資變得**一文不值**。

是哪些？

誰曉得？

華爾街

華爾街出了麻煩，政府出面救援。但是通常的援助還不夠。

「太多泡沫維持了太久……聯準會其實控制不了局面。」　——保羅·沃克（2008）

注意：
很多房貸是有**保險**的。

放款人　保險公司

正常繳款

如果債務人違約要賠大錢

基本上，保險公司**打賭**不會出什麼差錯；保險公司必須維持大筆準備金以防**真**的出問題。

但是衍生工具（215頁）也是賭注；稱作**信用違約交換**（CDS）的衍生工具模仿保險，只差不需要準備金來擔保它（因為衍生工具法令規範很鬆散）。

放款人　華爾街

正常繳款

如果債務人違約要賠大錢

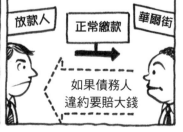

大崩盤

隨著恐慌擴散，財政部透過**問題資產紓困計畫**（TARP）丟了幾千億給華爾街——更不用說聯準會提供價值兩兆的無監督貸款。

今晚的「112頁，第7格」表演，安德魯·梅隆的角色將由財政部長亨利·鮑爾森與聯準會主席班·柏南克飾演。

確實捯注夠多現金就能解決華爾街當下的問題。就像**海洛因**解決**毒蟲**當下的問題。

華爾街

畢竟，金融體系即使在**平常**時期也**依賴**來自實體經濟的金流。

| 外資流入買資本，平衡流出買貨品的錢 | 股票回購（光在2007年7月幾乎有700億） | 豐厚股息（如下） | 臨時紓困 | 減稅與補貼 | 第三世界債務的利息 | 政府的利息 |

我們一般人的利息

從退休基金、研發基金等撥出的錢

社會安全計畫的準備金

關於股息有個案例：GM在2005年就開始虧損，但仍支付股息到2008年。然後納稅人必須幫GM紓困。

當然，華爾街的人並不認為這樣用納稅人的錢輸血有什麼特別的。他們保留了一大塊給自己……

同時在實體經濟，紓困應該防止的一切還是發生了。

但是至少，揭發出這麼多腐敗與無能，民眾終於開始**質疑**整個體制。

如果我們有幾兆美元**閒置**，為什麼不花在有用的事情上面？

把我們的錢借給銀行讓他們再借回來給我們是什麼道理？

如果我們幫銀行紓困，我們不是應該**擁有**銀行嗎？

爛銀行不是應該讓它倒嗎？市場不就是這麼運作的？

「我放棄了自由市場原則去拯救自由市場體系。」

你知道自己在胡說什麼嗎？

世界危機

質疑不只發生在美國。雖然我們把金融業稱作「華爾街」，但在2000年代之後**金融業**已經擴散到全球。所以崩盤也是全球性的。我們來看看，從**冰島**開始。

冰島的問題始於一次異常突然又影響深遠的金融部門鬆綁（2001）……

導致超級大泡沫……

還有超級大崩盤

到了2009年：

我們會幫你！當然是有條件的。

冰島接受了某些條件，但不是全部——例如，外國銀行的損失**不會**補償。

讓金融萎縮到某個程度幫助冰島逃過了崩盤的最惡劣後果；到2011年冰島經濟已經在復甦。

希臘選了不同的道路。

希臘發現自己有債務危機，又不能直接印鈔；因為它跟其他國家共用貨幣（歐元）。

我們為你紓困，法國和德國會幫忙！

你的意思是幫他們紓困。

銀行家

IMF

契約

隨便啦。重點是，你必須接受緊縮——優先償還你的債主。

很快希臘人就抗議緊縮。

抱怨者拒絕接受
自己行為的後果！

理由之一：投
資人也有一點
責任。我們看
看債券如何運
作就能理解。

債券就是借
據，通常是
承諾在設定
時間償還特
定金額。

債券
出售

現在付60元，
十年後拿回100元！

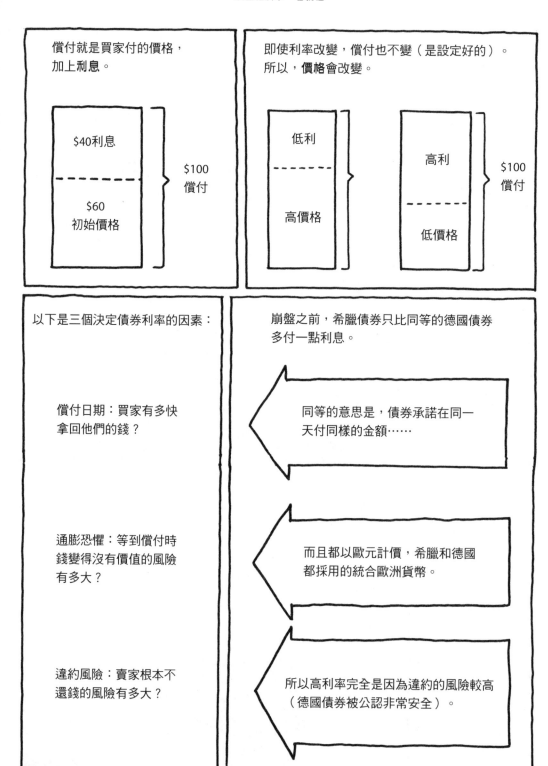

高利

低價格

但是希臘債券應該要付**高得多**的利息才能抵銷風險；也就是，債券應該便宜得多。

希臘債券的價格沒有反映出他們的風險，這個事實顯示投資人在掏錢之前**沒有做好功課**。

但是後來債主又期望債務人自己承擔痛苦。

他們是「拒絕接受自己行為後果的抱怨者」！

聽起來好像很耳熟。

說到熟悉，強迫債務國**緊縮**正是IMF在240-241頁對**第三世界**所做的事。通常是無效的。

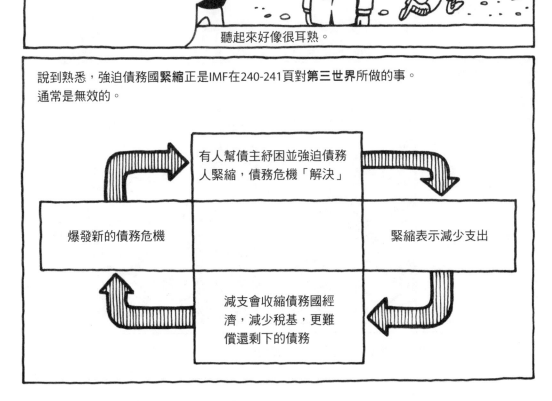

有人幫債主紓困並強迫債務人緊縮，債務危機「解決」

爆發新的債務危機

緊縮表示減少支出

減支會收縮債務國經濟，減少稅基，更難償還剩下的債務

這次也是無效。到了2011年中，雖然有紓困，希臘仍在違約邊緣，
同時抗議者打算關閉全國而非讓政府同意更多緊縮條件。

另一個國家下重手：**愛爾蘭**，先前才幫民營的盎格魯──愛爾蘭銀行紓困過。
不像美國，愛爾蘭人有**附加條件**。

我們幫你的呆帳紓
困，但是往後銀行
就是**我們的**。

當時我覺得這很好；我想，如果我們**要**幫銀行紓困，就應該這樣才對。

結果愛爾蘭政
府得到的，只
是**更多**先前不
知情的壞帳。

2011年，愛爾蘭也出了問題。還有西班牙、葡萄牙……

歐洲以外的情況也有改變。
在中南美洲，幾個國家多多
少少驅逐了IMF勢力……

產油國委內瑞拉扮演了領袖角色。
委內瑞拉由美國無法推翻的**社會主義者**雨果‧查維茲統治。

我們不是沒試過。

在阿拉伯世界，日子難過讓人民對
獨裁者失去耐心（**阿拉伯之春**）。

到了2011年中似乎全世界
的人民都在爭取自己的權
益，無論結果如何。

一大例外就是美國，我們上次談到2008年底。現在我們回去看看。

希望與少許改變

還記得在201頁，我們說保守派計畫的目標是回到1920年代嗎？巴拉克·歐巴馬總統上任時，2009年看來就像1929年。

不平等
貪腐
無助的勞工
沉重債務
金融危機可能釀成全球大蕭條

已解決　待處理

不過，光是小布希下台似乎就有幫助。

每月職缺增減

歐巴馬就職

| | 08年1月 | 09年1月 | 10年1月 | 10年9月 |

（縱軸：400,000、200,000、0、-200,000、-400,000、-600,000、-800,000、-1,000,000）

歐巴馬沒有撤銷小布希對華爾街的紓困，但他比較小心監督；2010年，政府真的在恐慌期間收購的問題資產上有了**獲利**。

已解決　待處理

歐巴馬政府通過了一套凱恩斯學派的**刺激計畫**（2009），其中政府要支出並減稅。拯救或創造了大約兩百萬個職缺，但實際上還是少了超過八百萬個。

歐巴馬甚至改革了健保。

你不能排除病人，你不能經常否決給付，你收入的錢必須花至少80%在繳費的人身上，而非留著當作利潤。

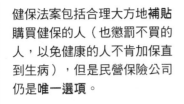

健保法案包括合理大方地**補貼**購買健保的人（也懲罰不買的人，以免健康的人不肯加保直到生病），但是民營保險公司仍是**唯一選項**。

給你。拿去交給他。

不過，許多人看得出對他們生活的好處：生病被拒保的人現在可以納入，**負擔不起**保費的人現在也買得起……

或者原本應該發生，只是法案最好的部分並沒有立刻生效。

例如，補貼直到2014年才會發放。

欸，我需要**時間適應**。

比打贏二次大戰花更多時間？

所以反對法案的人有很多時間透過政治體制或是法院**封殺**它。這項改革雖然溫和，還是有很多人反對。

健保改革這麼溫和的理由之一：改革者假設健保公司是在自由市場競爭。

大咖健保

漢克健保

瑪莉健保

我想賣貴一點，但是不行！

但是在歐巴馬的健保法案辯論期間，經濟學家們證明了集中的保險市場給了保險公司很大的**定價權**。

我想賣貴一點，就做了！

令人想起我在200頁說過的：雖然實體經濟學在過去30年來有進步，我們的經濟政策辯論大致還停留在1970年代的自由市場經濟學。

另一項1970年代的遺跡：執迷專注在**通膨**而非失業率，即使我們根本**沒什麼**通膨好說的。

如果我們不小心，改天可能有通膨！

我們需要東西吃……

你們不懂肥胖的危險嗎？

所以歐巴馬的刺激方案在2010年結束時，政府大致給了**銀行**更多錢，銀行抱著錢什麼也不做。

為何不把錢給我們？

你們可能把它花掉，造成通膨。

我想你是指「繁榮」。

很多在崩盤期間消失的職缺並沒有回來。

高峰　　　職缺喪失

5%

2007年底　　2010年初

願意工作換食物
如果我還記得怎麼做

2010年有很多令人生氣的事情。

這股憤怒大致被我們在198-199頁所見的保守派媒體機制捕捉到。

「一場政變正在進行中。有人要偷走美國。」

「在歐巴馬當選的偽裝下……。這傢伙是馬克思主義者。」

對！

對！

摘自葛倫‧貝克的廣播節目

結果之一就是看似真正的草根運動的茶黨……

……混雜著一些冒牌貨（當大金主出錢製造看來像草根的假運動）。

我們需要工作

打倒聯準會

富人減稅

打倒最後的反貪腐

說到大金主，2010年一月，最高法院**撤銷**了辛苦爭取來的**企業政治獻金**限制。

企業是法人，身為人就有言論自由！

撕

後續的錢潮幫助共和黨人在2010年期中選舉贏得了眾院多數。

富人減稅！

靠，富人不課稅！

其他人都要緊縮！

緊縮的合理化藉口之一：對**財政責任**的專業顧慮。

赤字失控了！我們必須減少支出！

我說「專業」是因為當初小布希把柯林頓的盈餘變赤字時，這些政客很少反對。

「雷根教過我們赤字不重要。」
——狄克・錢尼副總統

這些政客也不急著處理赤字的**真正原因**。

學校

我們必須減少浪費！

此外，依法，國債有上限，算是吧。每當債務抵達上限，國會就調高上限。

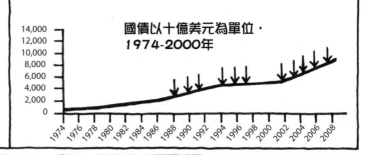

國債以十億美元為單位，1974-2000年

但在2011年中：

國債又**逼近舉債上限**了！

所以咧？

除非你刪減支出，我們不調高！

可是如果不調高，聯邦政府會債務違約，而且基本上停擺。

對！

後來民主黨同意刪減支出而共和黨保證幾個月內不關閉政府，避免了停擺與違約。

妥協！

你就繼續這麼想吧。

呃，如果你以為保守派政客故意抬高赤字以阻止政府花錢在他們不喜歡的事情上，你猜對了。該死，他們這招還有個名稱呢。

「餓死這隻怪獸！」

反政府修辭幾十年來都是政壇常態，但是當政府幾乎停擺，很多人開始比較清醒地思考「怪獸」做了什麼。

公共衛生計畫
環境保護
消費者保護
社會安全
開路　　　醫院
醫療保險　醫療補助
　　　　　學校

等一下……

然後在2011年9月17日，一小群抗議者出現在紐約市的祖柯提公園——準備佔領華爾街。

佔領

第一批佔領者是1999年在西雅圖抗議世貿組織（245頁）的同一群無領袖左派人士。

在華爾街犯罪有錢賺

但是現在更多人知道情況不對勁。抗議擴大……

%

連圖書館員都上街，表示麻煩大了！

照顧99%而非1%

我們是99%

貪婪有害

佔領華爾街

而且蔓延開來。

不像1999年，這次抗議者的訊息傳達出去了。

為什麼這麼少美國人控制這麼多財富？

這些年來我們都被騙了嗎？

或許我們該恢復以前的防護措施？

社群媒體也有很大的關係；人們用短短幾年前還夢想不到的方式**互相聯繫**。

無領袖的運動自然有**很多**訴求。所以有人抱怨：

你們沒有明確的計畫！

我想是的。你們搞砸得太嚴重了，我們沒有單一輕鬆的解決辦法。

停止非法查封

照顧99%不是頂端的1%

按照定義頂端1%過得很好

廢除小布希的減稅

豁免學貸債務

政客不要碰錢

補貼環保職缺

即使在華爾街工作犯罪也要受罰

恢復格拉斯-史蒂格法案

正是！所以你們必須讓我們負責！

停止補貼化石燃料

還有大銀行

和農業公司

至少終結幾場戰爭

另一個對佔領者常見的抱怨：

他們在煽動階級鬥爭！

對階級鬥爭的恐懼被誇大了，但這就是恐懼。這未必是壞事：歷史上，以**改革代替革命**似乎比較容易。

當然，緊張的上流階級可能導致改革以外的**其他**事。

不過，到了2011年底看來，這場佔領運動，或後續的運動，似乎有可能最終激發真正的**進步**。

我說「最終」是因為美國政局顯然會**癱瘓**，頂多，至少到2012年大選。同時，各種挑戰都會**無法處理**。

比起十九世紀的國內寡佔，我們在二十一世紀看到了越來越多**全球**寡佔。
鑽石就是個好例子；**各家汽車公司**看起來越來越像單一的全球實體而非一群競爭者。

```
藍寶堅尼        林肯        馬自達

保時捷      福特      富豪         凌志

奧迪       福斯                        速霸陸

其他                    豐田          鈴木

        FAW                          其他
        （中國第一汽車
克萊斯勒    集團）

        BMW         特斯拉          賓士

迷你                                  Smart

標緻                                  其他
雪鐵龍       通用汽車     戴姆勒
                其他              其他

其他

飛雅特     五十鈴      日產      雷諾

            = 擁有
            = 分享技術、分享產品或合資
```

最後，也有些類似一次大戰前的世界，當時英國的**經濟力**下滑又想要維持**政治霸權**。

如今美國也是同樣的處境。

我們來看看在2011年似乎迅速崛起的經濟強權：印度。

印度

印度在1947年脫離英國獨立。起初它是社會主義計畫經濟，但是**太過火了**：連經營一家小公司都有無窮的繁瑣法令。

還要**行賄**以避免**更多**繁瑣法令。

巴基斯坦

孩童仍然被販賣為奴。

1990年代，印度廢除了所謂證照許可制；帶來了**繁榮**。

不過，印度很難概括而論；即使今天，我們談過的幾乎所有問題，還有些沒提到的，都可以在印度發現。

市場—列寧主義：中國

我們上次看到中國是1949年，毛澤東的共產黨掌權時。起初他們幹得不錯。

但在1950年代末期，毛企圖模仿史達林的**集體化和急速工業化**。結果中國造成了史達林式的慘痛犧牲（估計死了四千萬人），還搞不出什麼可以炫耀的東西。

然後毛陷入史達林式的**偏執**。在1970年代，他像神一樣被崇拜，中國的豐富文化被他的無聊口號取代。

不過，毛澤東1976年死後留下一個高識字率的國家，男女也**相當平等**。到了1978年，理性的領袖鄧小平開始鬆綁中國經濟，向全世界開放。

當人民可以**為自己**工作，他們會為**別人**努力工作。中國展開了長期的繁榮，最終讓**幾億**人脫離了貧窮。

人民公社

我的農場
別管我！

中國共產黨鬆綁了經濟，但他們一點兒也不打算下台，如同1989年全世界在天安門廣場大屠殺事件後發現。

經濟在改變，但並不表示**政治體制**會改變。

馬克思

會，會改變！那就是我的重點啊！

不過，當經濟更開放，社會也是。

看吧？

但這些新財富與自由分配不均。中國發展只能被描述為**階級區隔**。

「在某些工廠裡，共產黨幹部是一大幫助；他……在工人給你們（西方投資人）製造問題時會強勢干預。」 ——《華爾街日報》，在1994年無意中定義了反諷

1990年代末期，西方要求中國符合一些西方標準以便自由貿易，只是選擇哪種標準有點奇怪。

你們的監獄奴工在盜版**有版權**的CD！你們必須付**版稅**才行！

喔！抱歉。

中國的出口貨便宜，一部分是因為中國壓低**貨幣**的匯率（在新自由派的書裡這簡直是犯罪）。

中國貨甚至比其他低工資國家更便宜，所以許多第三世界經濟體在1990到2000年代陷入麻煩。

抱歉，我們要把你們的職缺搬去中國！

等等，什麼？

真的嗎？

2011年，中國經濟很難分類。中國政府似乎願意嘗試任何東西。

有用就好！

當然，中國人從來不採用西方推動的極端自由市場意識形態；因此，中國只受輕傷逃過了2000年代末期的衰退。

你為什麼不能更像我？

如同二十世紀的美國，二十一世紀中國是塊充滿新事物與大計畫的土地，從飛行列車……

到一座雇用約35萬名工人的電子工廠（GM在巔峰時期的所有工廠，總共也才雇用70萬名工人）。

那家工廠做的是出口電子商品。工人的工資太少買不起自己做的東西。

嗯。

馬克思

嘿，這傢伙說工人會越來越被剝削，直到我們反抗。

這個體制仰賴來自外國顧客的穩定需求，而全球蕭條傷害了這個需求。這就能解釋為何在2011年，中國自告奮勇幫助歐洲解決財政危機。

畢竟，在國際貿易，資本流向一邊會搭配商品流向另一邊。

我們買你的債券！

太感謝了！

所以真的，中國不僅提議幫歐洲的投資人紓困；中國還提議增加它自己的出口。

我們的問題是已經太多人幫助投資人，卻沒有足夠工作機會！

中國也考慮另一個顧客來源：中國人民。

你知道嗎，如果你多付一點給你的工人，他們就能買你做的東西。

真怪……

但是很難看出地球本身怎麼支撐這一點，

新鞋

所以要提到另一個過去遺留的問題……

我們的地球生病了

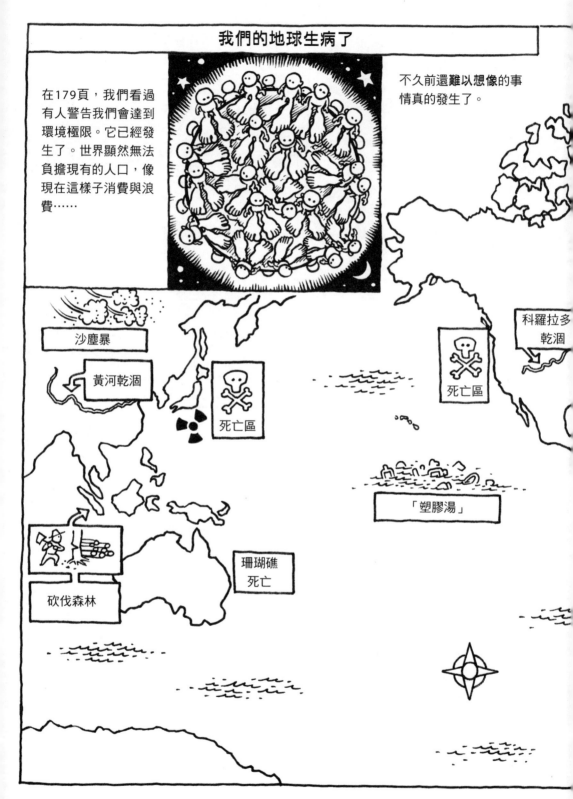

在179頁，我們看過有人警告我們會達到環境極限。它已經發生了。世界顯然無法負擔現有的人口，像現在這樣子消費與浪費……

不久前還難以想像的事情真的發生了。

沙塵暴

黃河乾涸

死亡區

砍伐森林

珊瑚礁死亡

「塑膠湯」

死亡區

科羅拉多乾涸

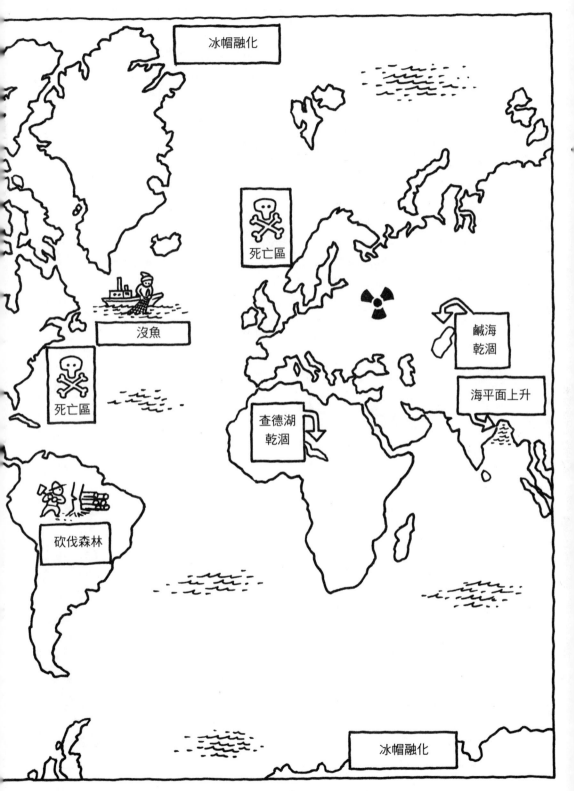

阻止這些問題發生顯然已經太遲。然而，阻止**現在**還想不到的問題或許不算太遲。

其實，某些人相當有信心，認為**科技**會解決這些問題。

砍伐所有森林之後，人們會找到木頭的替代品。

那為什麼不保護森林？我們可以尋找替代品同時保留森林。

閉嘴！

但是現在的許多問題是**從前的**巧妙對策所造成……

電視會散播啟蒙！

殺蟲劑會永遠消滅害蟲！

公路會讓我們都搬到郊區，消滅貧民窟！

更好的漁船會增加漁獲量！

購物商場會成為公民參與的活躍中心！

因此讓我們擔心**現在**的風潮。

基因改造可以解決我們的問題！

奈米科技會解決一切！

有了地球工程，我們可以任意調整氣候！

復活的屍體可以替我們幹粗活！

即使我們發明了偉大的新科技，誰敢說我們會**使用**？我們有很多科技——在環保與經濟方面很合理——但是現在幾乎沒在使用。

我們沒有多用是因為我們還沒**下定決心**。換句話說，對策的**政治性**和技術性一樣重要。

怎麼辦？

該做什麼有許多紛歧的意見。我只能提供我的想法。

首先，我們必須擺脫目前的衰退。**凱恩斯學派支出計畫**在過去有用。當然，有無窮無盡的事情需要花錢。

支出所需的錢可以舉債，但我們已經借了很多來支應保守派的減稅。

撤銷保守派的減稅比較合理。他們理應創造繁榮才對。但他們沒有。

該死，我們甚至可以嘗試新的稅目，例如企業營收的**累進稅**，而非利潤。營收比較難隱匿，所以即使低稅率也能帶來大量現金。

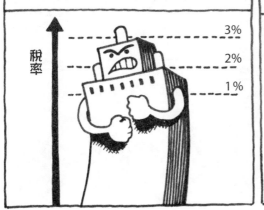

為了避稅，大企業可能**自我拆散**，限制每個碎片的權力，讓我們的民主以應有的方式運作。

而民主很重要。不是因為我們同意一項計畫，而是因為我們不同意。

實情是，光讓經濟恢復是不夠的。經濟運作順利時有嚴重的瑕疵。

更多！

危險礦坑

3天內無崩塌

快！快！

超毒煉鐵廠

狄更斯式血汗工廠

15歲以上不雇用

快點！

快點！

侵略性動物

無法無天號

快！快！

魯莽貨運

商店

出售

廣告公司

快！讓大家想買！

要修正這些瑕疵必須自問我們想從經濟得到什麼。想要從事怎樣的工作？想要過怎樣的生活？

這些都是只有我們能回答的問題。

有上百萬個想法可以讓我們辯論，從金融交易課徵微稅（讓華爾街冷靜）到單純採取**各自收拾善後**的原則，應該都是商業成本的一部分。

我在本書寫了些主意，還有一些放在 www.economixcomix.com 網站，你自己無疑也想得出一些。

要記住的重點：我們可以改變現狀。我們演變到現狀不是靠僵硬法律的自行運作；而是靠做決定。我們可以做新的決定。

與其面紅耳赤地爭論**什麼**才有用，我們可以嘗試一些事情看看**怎樣**有用。其實，我們很多人**正在這麼做**。

從持續向華爾街施壓……

到**生產**能源而非**消耗**它……

到反抗查封……

國家屬於我們全體不是上面的 1%。

大怪獸銀行

到單純選擇好銀行……

人們正在找方法打造一個更好、更公平的經濟。

當然，改變經濟說得比做得容易：如果前面的解釋夠清楚，你應該已經發現我們的許多問題是**相互關聯**的。

華爾街

但正是相互關聯給了我希望：解決一個問題可能也有助於其他問題。我們一旦開始，可能發現我們同時**解決了許多事情**。

聽起來或許不可能，但以前有人成功過。

其實，在2008年崩盤中就有機會做到，當華爾街、大企業和富人們急需幫助的時候。

我們什麼都願意！除了稍後表示感激以外！

華爾街

有人說當時我們錯過了千載難逢的機會去矯正經濟，但這些機會經常出現；金融界從2008年紓困以來已經紓困好幾次了。

希臘債券投資人紓困

2008紓困

愛爾蘭銀行債權人紓困

我們在2008年沒有準備好，但下次我們可以拒絕幫助，除非由我們來訂規則。

華爾街

一定會有下次的。你幾乎可以算得出日期。

如今我們在此，展望未來，只知道會有新的挑戰。你會挺身而出嗎？我們會失敗嗎？真希望我知道。

你可以在此停步，但我希望你不要。我們談過了很多……

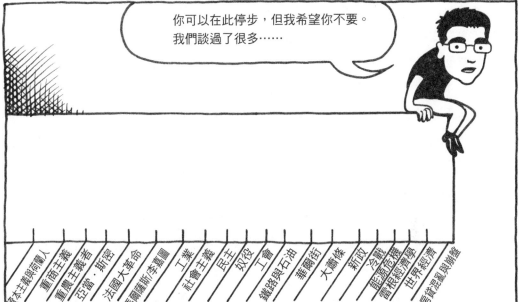

資本主義與商人
重商主義
重農主義者
亞當·斯密
法國大革命
馬爾薩斯/李嘉圖
工業
社會主義
民主
奴役
工會
鐵路與石油
華爾街
大蕭條
新政
冷戰
能源危機
雷根經濟學
世界經濟
房貸混亂與崩盤

但我們也只是搔到皮毛而已。我希望你們用這本書當作基礎去延伸閱讀、觀察與思考。我在297頁整理了一些建議書單。

資訊只是第一步。世界需要行動，尤其現在。

所以我希望各位把這本書當作起點，而不是……

劇終

名詞解釋

★**資產階級** 馬克思和恩格斯用這個詞來指資本家，不過它也表示統稱的中產階級。

★**泡沫** 投機購買推升價格，因而引來更多投機，直到價格上漲成為維持價格上漲的唯一理由。

★**資本** 生產的手段。有個定義是「（a）我們製造；（b）我們用來製造其他商品；（c）商品完成時沒有消耗掉的東西。」另一個定義是「我們投資用來製造商品的錢。」

★**資本家** 投資資本追求利潤的人，尤其是主要收入來自利潤的人。

★**古典政治經濟學** 十九世紀的主流經濟思想，根據大衛·李嘉圖的著作，加上較小程度的湯瑪斯·馬爾薩斯。特徵是使用抽象簡化的模型而非真實世界的資料。

★**商業銀行** 銀行機構最常見的類型，銀行收取顧客的存款再借給其他顧客。

★**共產主義** 曾經是社會主義的同義詞，現在用來指社會主義的革命派系，尤其馬克思主義、列寧主義和毛澤東主義。

★**比較優勢** 顯示雙方永遠都能從國際貿易中獲益的模型。這個模型的前提之一是資本家不會把他們的營運搬到外國；這在十九世紀初期發明模型時是合理的假設，但現在不同了。

★**公司** 法律創造、具有自然人行為能力的實體，例如，簽約或擁有財產。教會，小企業，城鎮與工會也可能是公司，但是本書採用最普遍最重要的用法：由股東擁有、經理人經營，追求獲利的大企業。

★**需求曲線或需求圖表** 供需圖表中顯示消費者在任何指定價格會想買多少產品的部分。請注意如果價格改變，數量需求可能改變，但只要新價格交叉在同曲線另一點上，需求不會改變。需求的改變以移動曲線或改變形狀來表示。

★**經濟學** 研究生產、消費與財富轉移的學問。

★**規模經濟** 製造更多單位時每單位成本的節省。

★**均衡價格** 在此價格，買家想買的產

品數量等於賣家想賣的數量。

★**外部因素** 交易的一種副作用,不論好壞。外部因素成為問題是因為決定是否進行交易的人並未得到全部利益,或負擔所有成本。所以,他們對自身利益所作的決定可能對整體不是最佳決定。

★**法西斯主義** 由班尼托‧墨索里尼率先宣揚的理念,在量產與群眾組織的時代,民主與個人自由將會(也應該要)被威權的國家取代。有時被用來指「集權主義」。

★**部分儲備制** 銀行收取存款後,在金庫只保留一部分(儲備部分)並借出其餘金額的作法的好聽名稱。

★**自由市場** 人人競爭以最高效率提供最佳產品的體系。雖然自由市場必須擺脫過度的政府管制,法規鬆綁並不會自動演變成自由市場。

★**國內生產毛額** 每年在經濟體之內販賣的所有合法、全新商品與勞務的價值。

★**通膨** 貨幣價值的減損。在任何時候,某些價格會上漲而某些會下跌;

通膨發生在整體物價上漲時。

★**投資** 用來製造商品,通常為了販賣牟利所花的錢。

★**看不見的手** 亞當‧斯密用來表達自由市場如何導引眾人行為的詞彙。斯密只用過一次,因此有幾位作家說斯密並沒打算讓這概念變得普及。但是看不見的手這個概念,即使不用此詞彙,總結了斯密的《國富論》。

★**凱恩斯派經濟學** 總體經濟學的方法,認為為了平衡景氣循環避免崩盤,調整總體需求,例如改變稅率與支出,是有必要的。對凱恩斯學派而言,崩盤是經濟中「自然的」一部分,而非應該忽視不管等它過去的異常現象。

★**勞動價值理論** 這個觀念認為,長期而言,一切東西販賣的價格基本上是衡量製造它所需的勞力。此理論原本是大衛‧李嘉圖的模型基礎;現在則被馬克思主義者鼓吹。

★**自由放任** 認為放任經濟活動會比干預它產生更好後果的信仰。原本是對重商主義的反應。

★**土地改革** 分割土地所有權給那些實際在土地上工作者而非留在少數大地主手中的過程。

★**列寧主義** 伏拉迪米爾·列寧宣揚與實踐的馬克思主義分支。主要特徵是由一個紀律嚴格的政黨擔任革命的前鋒。

★**盧德派** 在十九世紀初期摧毀機器的英國工人。引申而言,指任何不喜歡新科技的人。

★**總體經濟學** 研究總體經濟的學問:就業、利率、生產力等等。相對於個體經濟學。

★**毛主義** 毛澤東宣揚的共產主義:重點包括土地改革、小規模工業與不斷的革命。

★**馬克思主義** 革命式共產主義;認為要改變資本家經濟無可避免地需要政治革命,導致一個全新的無資本家經濟和新社會。

★**重商主義** 一種經濟教條,始於十七世紀,認為外國貿易是達成國家目標的一種工具。主要目標是賺到外國人的錢並且保留住。

★**個體經濟學** 研究個別市場、個別公司、消費者如何花錢買到最大價值等等。相對於總體經濟學。

★**混合式經濟** 融合社會主義與自由市場的經濟。大多數經濟體都是混合式經濟,但是混合方式差異頗大。

★**模型** 在經濟學,模型是一種簡化、合邏輯、通常以數學分析經濟或部分活動的工具。模型的優點是精確又嚴謹。其實,只要前提符合,模型無可置疑就是對的,這或許是經濟學家們同意的唯一一點。然而,我們很容易忘記模型的前提經常與真實世界不符。

★**貨幣主義** 一種總體經濟方法,建議穩定地增加經濟中的貨幣數量以平衡景氣循環。雖然貨幣主義者同意凱恩斯學派認為景氣循環必須馴服,凱恩斯學派偏好比較主動地微調事物。不要跟貨幣政策混淆,貨幣政策是指用貨幣手段調整總體需求(例如調整利率)而不改變稅率跟支出。

★**壟斷** 某種商品或服務只有一個賣家的情況;這個詞也可以指這類的賣

家。類似獨買,意指市場上只有唯一買家。

★**新古典經濟學** 這個經濟學的分支專注在由供給與需求決定價格。它從十九世紀末期開始成為主流經濟學;之後有其他觀念擠進主流地位,但是新古典經濟學仍然地位穩固。

★**新自由主義** 這個經濟學分支專注在政治與經濟自由之間的關連,仰賴自由市場分配資源並生產商品。

★**寡佔** 一小撮賣家彼此合作,去限制(但是通常不會消滅)市場上的競爭者。

★**重農主義者** 十八世紀的法國經濟學家,認為農業是所有財富的來源。

★**政治經濟學** 十九世紀對經濟學的稱呼;差別在於政治經濟學比後來的經濟學更強調政府與政策。

★**累進稅制** 一個人賺得越多稅率越高的制度。

★**公共財** 像乾淨街道之類許多人想要、但民間企業家沒有理由提供的事物。公共財與私有財的舊分別已被取代,在某個程度上,變成要看事物能

否排除(我能否阻止別人享有它們)與/或競爭性(我享有它們會不會使之耗盡)的雙重分別。

★**社會達爾文主義** 認為較高的社會經濟地位是基因優越的跡象,而幫助低社經地位的人生存會摧毀基因庫的觀念。

★**社會主義** 廣義而言,任何合作而非競爭進行的經濟活動。這種合作可以藉由相關人員的集體行動或政府來達成。也指這樣合作好過自由放任的觀念。

★**投機** 買進某種東西,不是因為買家想要,而是因為買家預期在價格上漲時賣掉牟利。

★**供給曲線或供給圖表** 供需圖表上顯示賣家在特定價格願意投入市場之商品數量的部分。參閱需求曲線。

★**關稅** 進口稅。關稅可設計來增加稅收,阻擋外來貨競爭,或兩者兼具。

★**托辣斯** 十九世紀末期到二十世紀初期的壟斷或寡佔性超級大企業。

★**工會** 勞工進行集體議價而非各自接觸雇主的聯盟。

人名翻譯

Jean-Baptiste Colbert
尚－巴提斯特・柯伯特（1619-1683）

Francois Quesnay
法蘭索瓦・魁奈（1694-1774）

Adam Smith
亞當・斯密（1723-1790）

Thomas Malthus
湯瑪斯・馬爾薩斯（1766-1834）

David Ricardo
大衛・李嘉圖（1772-1823）

Alfred Marshall
艾佛烈・馬歇爾（1842-1924）

Friedrich Engels
腓特烈・恩格斯（1820-1895）

Charles Fourier
查爾斯・傅立葉（1772-1837）

Karl Marx
卡爾・馬克思（1818-1883）

Léon Walras
里昂・瓦拉斯（1834-1910）

William Stanley Jevons
威廉・史坦利・傑文斯（1835-1882）

John Maynard Keynes
約翰・梅納・凱恩斯（1883-1946）

Paul Samuelson
保羅・山繆遜（1915-2009）

Robert Lucas
勞勃・魯卡斯（1937-）

George L. S. Shackle
喬治・沙克爾（1903-1992）

Ludwig von Mises
路德維・馮・米斯（1881-1973）

Friedrich Hayek
腓特烈・海耶克（1899-1992）

Milton Friedman
米爾頓・傅利曼（1912-2006）

Alan Greenspan
艾倫・葛林斯潘（1926-）

延伸閱讀

以下這些書籍構成了我對經濟的理解。

★喬爾·巴坎 Joel Bakan，《企業的性格與命運》。2004。說明現代企業如何運作、為誰工作。有改編成電影。

★布萊恩·伯瑞 Bryan Burrough，《The Big Rich》。2009。德州石油大亨們與各自相當可觀的影響力。

★雷·坎特伯里 E. Ray Canterbery，《經濟學簡史》。2001。清晰生動的歷史，不只談經濟學，也包括實體經濟。

★詹姆斯·卡羅 James Carroll，《House of War》。2006。五角大廈、戰後的美軍與協力經濟機構的驚人歷史。

★瑞秋·卡森 Rachel Carson，《寂靜的春天》。1962。引發環保運動的經典名著。相當有趣的讀物，而且非常切身。

★榮恩·薛爾諾 Ron Chernow，《摩根家族》。1990。關於J. P.摩根、他的家族與遺產的一切。薛爾諾鉅細靡遺地說明了晦澀的主題，又不讓讀者感到無聊。

——《Titan》。1998。Chernow用他的才能記述了約翰·D.洛克斐勒與標準石油。

★賈德·戴蒙 Jared Diamond，《Collapse》。2005。社會解體背後的環境與經濟理由，還有美國為何可能即將崩潰。

★芭芭拉·艾倫雷赫 Barbara Ehrenreich，《Nickel and Dimed》。2001。論述每天、整天做低薪工作是什麼慘況。

★米爾頓·傅利曼 Milton Friedman，《資本主義與自由》。1962。捍衛經濟自由是政治自由先決條件。

★約翰·肯尼斯·蓋伯瑞斯 John Kenneth Galbraith，《富裕社會》。1958。蓋伯瑞斯以獨一無二的風格描述現代經濟如何持續生產更多我們不太想要的東西，同時缺乏我們真正想要的。

——《The New Industrial State》。1967。像亞當·斯密掌握他那時代的經濟一樣，高明地掌握了現代工業化經濟。

★拉瑞·高尼克 Larry Gonick，《宇宙漫畫史》和《現代世界漫畫史》。1976–2009。我的重要啟發之一。從大霹靂到現在一切的整個故事，加上大量的經濟史等等，畫成了漫畫。

★威廉·格雷德 William Greider，《One World，Ready or Not》。1998。對全球經濟的優質檢討。寫於1990年代但現在一樣適用。

——《資本主義的靈魂》。2004。傑出的現代經濟、問題與對策的概論。

★腓特烈·海耶克 Friedrich Hayek，《到奴役之路》。1944。海耶克包羅萬象的筆法讀來很愉快。但是如同亞當·斯密，自由市場擁護者過度簡化了他的概念，很像是反諷。

★勞勃·海爾布魯諾 Robert Heilbroner，《俗世哲學家》。1953。用巧妙的文字描述偉大經濟思想家的生平與觀念，有很多本書塞不下的精彩附錄，例如凡勃倫的好色，凱恩斯的雙性戀，馬克思的情婦……

★道格·漢伍德 Doug Henwood，《新經濟之後》。2003。科技泡沫與後續效應。

——《華爾街》。1997。金融界如何真實運作，為誰工作。

★威爾·賀頓 Will Hutton，《The World We're In》。2002。關於現代歐洲經濟的優良資料來源。

★珍·雅各 Jane Jacobs，《The Death and Life of Great American Cities》。1961。怠忽與規劃不良如何在二次大戰之後摧毀了我們的城市。

★大衛·強斯頓 David Cay Johnston，《Free Lunch》。2007。納稅人支持大企業卻對它們的行為毫無發言權的種種情況。

——《Perfectly Legal》。2003。仔細回顧稅法如何被惡搞，把錢都給了富人。

★娜歐蜜·克萊恩 Naomi Klein，《No Logo》。2000。企業行銷如何深入滲透我們的文化佔據了經濟。如今，被行銷人員用來當教科書。

——《The Shock Doctrine》。2007。同樣的自由市場意識形態如何強加在一個個國家身上，還有瘋狂的後果。

★保羅・克魯曼 Paul Krugman,《下一個榮景：政治如何搭救經濟》。2007。克魯曼終於接受了權力很重要的「經濟異端邪說」。大致上啦。

——《The Great Unraveling》。2003。克魯曼散文合集,描述小布希政府初期如何極力拆解新政。

★艾默・拉文士 Amory Lovins,《Hunter Lovins》與Paul Hawken,《自然資本主義》。1999。照顧環境如何比浪費好,畢竟,廢棄物就是廢棄物。

★卡爾・馬克思和腓特烈・恩格斯 Karl Marx and Friedrich Engles,《共產宣言》。1848。簡短明瞭的馬克思與恩格斯思想入門。

★朵內拉・米道斯、喬詹・蘭德斯、丹尼斯・米道斯 Donella Meadows、Jørgen Randers & Dennis Meadows,《Limits to Growth：The 30-Year Update》。2003。在1972年就清醒地看出世界經濟會如何衝擊環境限制,更新版顯示出預言成真。

★拉夫・納德 Ralph Nader,《Unsafe at Any Speed：The Designed- In Dangers of the American Automobile》。1965。汽車公司如何重新設計讓他們的車子每年看來更漂亮,卻懶得改善工程或安全性,因為沒人逼他們。如果你曾經活著逃過車禍,這本書可能就是原因。

★約翰・柏金斯 John Perkins,《經濟殺手的告白》。2004。企業如何強迫第三世界政府(用其他企業借給他們的錢)採購大而無用的計畫,作者本人就是企業打手之一。

★凱文・菲利普斯 Kevin Phillips,《財富與民主：美國富人的政治史》。2003。內戰之後產生的美國統治階級的歷史。

★雅各・里斯 Jacob Riis,《How the Other Half Lives》。1890。對十九世紀貧民窟的經典觀察,可惜至今仍適用。

★艾瑞克・西洛瑟 Eric Schlosser,《Fast Food Nation》。2001。辛克萊的《The Jungle》現代版。如果你想戒掉大麥克漢堡,請看這本書。

——《Reefer Madness》。2003。影

子經濟：毒品、色情與非法工作。

★亞當・斯密 Adam Smith，《國富論》。1776。所有經濟學的祖師爺。斯密的文風可能讓現代讀者卻步，而且他不太擅長組織他的概念，但沒有別人像他這麼同時精通微小細節和大局。別忘了本書很精確地描述出版時的經濟，而非今日世界。

★約瑟夫・史提格里茲 Joseph Stiglitz，《全球化的許諾與失落》。2002。世界銀行的前首席經濟學家，諾貝爾獎得主，回顧1990年代的全球化議題。

★亞歷西斯・托克維爾 Alexis de Tocqueville，《民主在美國》。1835和1840。托克維爾的意思是「美國的平等」。言之有物，敏銳地描述隨著托辣斯崛起而失落的美國。

★索斯坦・范伯倫 Thorstein Veblen，《有閒階級論》。1899。本書中沒空提到范伯倫，但這是他的傑作——聰明頑皮地用歇斯底里的誇張筆法檢視所謂最「進化」的人有多原始。還有誰能稱呼吵鬧的寵物狗「畸形犬」而不會挨罵？

★霍華・津 Howard Zinn，《美國人民的歷史》。1980。一般人民眼中的美國歷史。還有改編繪本版！

圖解
漫畫經濟學一看就懂：從亞當斯密到葛林斯潘

2014年8月初版　　　　　　　　　　　　　　　　　定價：新臺幣330元
有著作權‧翻印必究
Printed in Taiwan.

著　　者	Michael Goodwin
譯　　者	李　建　興
繪　　者	Dan E. Burr
發 行 人	林　載　爵

出　版　者	聯經出版事業股份有限公司	叢書主編	李　佳　姍
地　　　址	台北市基隆路一段180號4樓	校　　對	陳　佩　伶
編輯部地址	台北市基隆路一段180號4樓	封面設計	江　宜　蔚
叢書主編電話	(02)87876242轉229		
台北聯經書房	台北市新生南路三段94號		
電　　　話	(02)23620308		
台中分公司	台中市北區崇德路一段198號		
暨門市電話：	(04)22312023		
台中電子信箱	e-mail：linking2@ms42.hinet.net		
郵政劃撥帳戶第0100559-3號			
郵撥電話	(02)23620308		
印　　刷　者	文聯彩色製版印刷有限公司		
總　經　銷	聯合發行股份有限公司		
發　行　所	新北市新店區寶橋路235巷6弄6號2樓		
電　　　話	(02)29178022		

行政院新聞局出版事業登記證局版臺業字第0130號

本書如有缺頁，破損，倒裝請寄回台北聯經書房更換。　　ISBN　978-957-08-4443-6 (平裝)
聯經網址：www.linkingbooks.com.tw
電子信箱：linking@udngroup.com

國家圖書館出版品預行編目資料

漫畫經濟學一看就懂：從亞當斯密到葛林斯潘
／Michael Goodwin著．Dan E. Burr繪圖．李建興譯．初版．
臺北市．聯經．2014年8月（民103年）．304面．
16.5×23公分（圖解）
譯自：Economix : how our economy works（and doesn't work）
　　　In words and pictures
ISBN　978-957-08-4443-6（平裝）

1.經濟學　2.漫畫
550　　　　　　　　　　　　　　　　　　　　　103014590